投資達人

學習誌

VOL.**11**

C O N T E N T S

COVER STORY

K線實戰：
日線、時線、分線

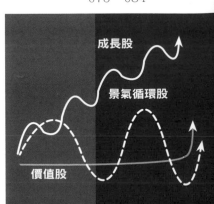

K線實戰》

日線、時線、分線

文／本刊編輯部

看到「時線」、「分線」，投資人立刻聯想到極‧短‧線。

對啊，只有極短線才看那麼短時間的線圖。

過去，你如何看時線、分線圖呢？

許多讀者認為不管是K線理論還是技術分析，用在那一種「線」都一樣！但這裡要提醒，當交易目的是幾分鐘到幾小時，看線的方法應該要很不一樣，而且是不一樣到幾乎顛倒的地步。

編輯部這一期的主題，採訪多位短線達人，達人們幾乎都會說，新手採極短線交易比起要賺到錢，賠錢的速度要快得多，就算老手也不見得容易獲利。可是，為什麼明知不易賺錢還要操作那麼短周期的交易呢？

技癢啊～～

一位達人說得好，比起中長期投資，短線不一定好賺，但不做股票很難受，為了滿足每天做股票的癮，那就把極短線功力練好，讓每天正向的資金流入改善生活品質，而當投資人很不貪心的把目標放在「增加生活費」時，操作上反而十分順利，不但可以每天忙得很開心，還賺得很開心。

達人們用什麼方法開心賺錢呢？

這就是本期的封面故事！！

極短線交易的本質

日線是每一位投資人都不能忽視的，
若你平常也看小時線、分鐘線，
可以斷定在交易策略上，
你也是極短線交易者。
極短線與一般所謂「股票投資」不同，
若想在一般的股票交易之外，
透過極短線的操作每天增加生活費收入。
不能誤觸陷阱是一定要的，
另外，
在技術上有多一點的認識，
獲利的機率就會更高。

寫在極短線交易之前①

重點在永續經營，而非短暫暴利

問到「為什麼做股票？」年輕投資人往往沒有什麼具體回答，有人是希望增加一點收入；有人是因為巴菲特只買賣股票而致富，心想自己應該也可以有一番作為……。

股市裡各種不同目的的參與者

股市是自由的市場，不同目的、不同屬性的投資人只要有興趣有意願都可以開戶進行交易，但不同目的的交易者原則上應該採取的買賣手法應該是完全不同的，比方說，想透過收購股票而成為企業主的買家，與一般散戶買股票當定存，兩者的目的就截然不同了。

當然，股市並不會只有這兩類的投資人，有很多是期望透過短線交易，賺取其中價差，這與收購企業、將股票當定存的交易者，在關心的議題與採行的策略就截然不同了。賺取短期的價差，就是本期投資達人的目標讀者。

本期內容我們借由訪問多位實戰經驗豐富的短線高手，整理出他們的交易經驗，分享給達人的讀者。

問到如何透過短線致富？

在採訪諸位達人的過程中，受訪者一致的見解都認為，短線操作一定得很清楚的知道，賺到的只是「小富」，若誤把獲利目標訂得太高，往往是失敗的主因。大部份的短線達人都認為「透過短線交易成為億萬富翁」機率就像中樂透一樣困難。

極短線交易應設定目標在小富

說到底，股票交易並不是賭博，更不是光憑運氣買彩券，只要用對方法，以每個月為目標，穩穩的賺進讓生活更舒適的「小富」並不難。而要牢牢鎖住短線交易的利潤，就要避免掉因為投資心態不健康，而造成大損失。因為短線交易比起讓資金一瞬間增加，讓資金一瞬間消失的可能性更大。

換句話說，短線交易者若把心思放在「大賺」是不正確的，應該把心思放在「保證不失敗」的投資方式比較正確。

短線交易勢必採用信用交易，而信用交易就是把風險與報酬同步以槓桿倍率擴大交易，為什麼很多投資人在短短數月間便失去大部分資金，因為他們寄望能一夕致富，而最終可能也因此損失掉所有的資金。

在考慮「獲利」、「資產倍增」前，短交易者首先要清楚的是「一定不能失敗」、「一定要想辦法活下來」的生存規則。

寫在極短線交易之前②
短線交易的兩個陷阱

在短線中「活下來」天敵就是誤觸陷阱，要講股市陷阱三天三夜也說不完，本文著重一般投資者對認知上的謬誤，它們分別是——

1.高槓桿的陷阱；2.交易認知的謬誤。

不管是期貨還是股票，高倍率的槓桿一開始都被視為是很好的一項設計，看吶！少少的錢就能操作大額的資金，實在是很「靈活」！但這卻是一個最值得投資者留意的地方。

高槓桿的陷阱

以10萬元本金為例，若槓桿操作可以擴大到10倍，就是能操作100萬元的商品，但這既是投機性金融商品的魅力，也是陷阱。

槓桿10倍一面代表可操作保證金10倍的投資，另一面也代表著如果總投資額出現10%的價格變動，資金就會倍增或者變為零。有關槓桿倍率，可以從倒數來看，也就是「1/槓桿倍率＝全部財產損失的價格變動率」10倍的話就是10%，25倍的話就是4%，如果行情出現和你預測相反的變動，本金就會蒸發得無影無蹤。

所以，如果採用槓桿20倍，當行情朝著和你預測相反的方向變動1/20=5%的話，所投資全部的保證金就會化為泡影。用100元買進的商品下跌5%就是5元，(也就是下降到95元的話)保證金就會全部蒸發。

這樣想來實在很可怕。

交易認知的謬誤

有些媒體或專家常用「獲利很簡單」形容短線交易，彷彿只要照著圖表的位置一進一出就能獲利，事實上，這種過度簡化的圖表分析很多都是事後作者再補畫上去的。而這種誤導也可能讓交易者因過於信任某一項(某幾項)技術分析，而採用不當的交易手法。

基本面（如：世界經濟動向、企業的獲利、產業的變革等等）不是所有散戶都能快速且輕易理解的，因此技術分析成為散戶判斷行情不可或缺的工具，但是，卻也不是所有情況技術分析都能靈光。

技術分析在某些特定的部分與場合，可以發揮遠遠超過一般人憑目測或基本分析可以達到的神奇作用，但是這項「神力」唯有在某些特定的條件下才會被發揮。

不管怎麼說，分辨出在什麼情況下應該選擇哪種判斷方式？這是基本的「行情觀」，不能完全憑電腦還要加上人的頭腦權衡分辨。

也就是說，要區分在什麼樣的行情下什麼樣的技術指標以及買賣戰略是有效的。

極短線可以生存下來的理由①
獨立思考＋分辨行情的能力

不管投資金額多還是少，有條件繼續從事短線交易的人，都是用自己的腦袋思考的人。你或許懷疑，「不用自己的腦袋，難道用別人的腦袋思考嗎？」

當一位獨立思考的投資人

的確，市場上有為數不少的投資人習慣以打探明牌、加入投顧或從媒體上聽從「專家」的指示，這樣的方式，在中、長線投資人身上還ＯＫ，但短線交易者在接受了別人所說的「只要這樣做，就肯定能獲利」的催眠下，人會變得很脆弱。短線行情複雜多變的，也許昨天還能使用的方法，今天卻行不通。

勿陷入急於獲利的泥沼中

在面對行情的複雜多變，交易者若有幾次掌握不住價格，自信心受損後，有人就輕易盲信別人誇大的說法；有的人則陷入急切地「我只想獲利」的欲望支配中。如果不能從這種不良的狀態中抽離，實在不宜再繼續從事短線交易。

總歸起來，想要繼續在短線市場中持續交易，老老實實的把技術提升，並認真的面對自己人性軟弱的一面才是王道。

場合畫分，對短線者很重要

成長的過程中大家都學過數學，老師出了題目求不等式「ａ＋ｂ＜５」，如果不對ａ與ｂ的正、負號先劃分，也不規範答案是否為整數的話，就無法求解。所以，老師可能會先設定出當1.a>0時，2. a=0時，3. a <0時，b可能的答案是什麼？之類的題目設定。

應用技術分析於投資時情況也一樣，也許你很快就學會了技術分析的基本應用，但在使用之前，最基本的應該把「狀況」搞清，比方說，同樣是技術指標MACD的判斷，它應用在日線、時線觀察的要點就不相同了，另外，對於長期投資者、中期投資者、短線交易者，使用的意義也不同，而更重要的是，投資人還應該先畫分，目前行情處在什麼階段？是上升趨勢？下跌趨勢？還是盤整趨勢？

若沒有搞清楚指標與「在那種條件下」「應用於何處」之類的問題，即使了解指標的意義，也沒有什麼真正的用處。

而這種「場合畫分」的重要性，對長線投資人而言比較不受影響，甚至可以說不重要，但對於短線交易卻是獲利與否的關鍵。

· Cover Story

行情的三種基本趨勢

（圖片來源：台灣工銀證券 — e 快客）

上漲趨勢

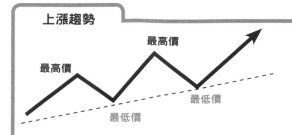

上漲趨勢的條件是突破最低價上漲，且突破最高價上漲。
上漲趨勢結束是指跌破最低價開始下跌。
單純跌破最高價的話還不能認為是趨勢轉換。

下跌趨勢

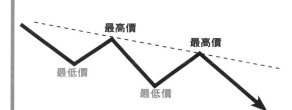

下跌趨勢的條件是跌破最低價下跌，跌破最高價下跌。
下跌趨勢結束是指突破最高價上漲。
單純突破最低價的上漲還不能認為是趨勢轉換。

盤整行情

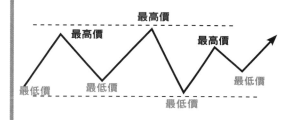

盤整行情的條件是不能跌破最低價也不能突破最高價的狀態。
盤整行情結束的標誌：突破最高價上漲或者跌破最低價下跌。

極短線可以生存下來的理由②
區分交易的周期、走勢與震幅

前文提到短線交易要對行情處於那種「趨勢」有辨別力，之後才能設定適合的買賣戰略。而戰略的設定又跟以下三種主客觀條件有關。

事先對「場合畫分」的重要性

第一種相關條件是投資者的交易周期。也就是投資者必須清楚知道自己將採取一年以上的長期投資？還是幾個月程度的中期投資？還是一周程度的短線交易？還是一天之內結束交易的當沖？或者只有幾分鐘甚至是「秒殺」型的scalping？（scalping：中文是「剝皮」的意思，趁著行情趨勢，在數分鐘極短的時間內反復進行買賣。）

第二種是區分行情的走勢。也就是看清行情是上漲趨勢？下跌趨勢？或者是盤整？如果是盤整，它是屬於上漲趨勢中的高檔盤整？下跌趨勢中的低檔盤整？或者是盤整幅度逐漸變小的三角盤整？或者是盤整幅度愈來愈大的楔型盤整？

第三種是行情的價格變動率是高？還是低？若評估行情屬於激烈的變化？那它是極瘋狂型的？還是普通激烈的變動呢？

根據三種情況，投資者應適時的改變自己的交易手法，才是投資不敗的生存之道。

當行情處於明確上漲趨勢時，無疑就是順著趨勢採取買進方式交易，但是當行情沒有明確趨勢時，這種「跟蹤趨勢」的順勢戰略本身就不成立。在這種情況下，採用「上漲時賣出、下跌時買進」的逆勢交易比較適合。

若希望透過短線交易每日多賺取生活費，除跟蹤趨勢做順勢交易外，也要懂得採逆勢交易做差價，才是短線基本功。

投資人常用很籠統的方法問「股票交易成功秘訣是什麼呢？」

若這個解答欄裏只填寫一個答案，那答案一定是錯誤的。

為什麼呢？

因為投資就像配對遊戲，正確的答案是一組一組的，而不會是單一標準答案，例如順勢交易的方式適合「以長期投資為目的且行情正處於上漲趨勢時」另外，順勢交易也適合「以短線為目的且價格波動較高時」像這樣事先將投資「場合劃分」才是較佳的答案。

所以，具備「場合劃分」的能力，是投資交易中生存的基本要件。

例如，2008年台股加權股價指數創了之前六年的新低，而且跌破5000整數關卡，對於短線交易者，在此也不能用「便宜」評估行情，因為下跌的勢頭仍然濃烈，沒有「場合劃分」的短線者若在這時候買進，可能會受到

很大的損失，因為隔不久，連4000點也跌破了，但這種在短線交易中絕對不能做的事，對長期投資者卻是個很好的買進機會點。

「場合劃分」中行情是否有明確趨勢？還是屬於在一定範圍內上下波動的盤整行情？這樣的行情判斷同樣也非常重要。

 長期投資和短線交易的「場合劃分」

（圖片來源：台灣工銀證券 — e快客）

注意 長期投資者 可以「因為便宜而買進」。
短線交易者 有必要「因為便宜而放空」。

跌破5000，創近6年新低。

跌破4000，創近7年新低。

同一年發生！

如果是長期投資，趁新低價出現時買進是正確的做法！
但是如果是短線交易，趁新低價出現而買進是給自己找麻煩。

交易前一定要先進行「場合劃分」

●**投資周期**（是長期還是短線？）
●**走勢**（上漲·下跌·盤整行情，屬於那種情況？）
●**價格變動幅度**（是大幅變動還是風平浪靜？）

短線交易絕對不能使用的方法，反而可能是中長期投資的絕好方法。

極短線可以生存下來的理由③
配合走勢採順勢或逆勢交易

投資方法簡單分為順勢和逆勢兩類，即：若判斷行情將更進一步的上漲從而買進（似乎會進一步下跌從而放空）就是順勢交易；判斷價格在這裡已經過低從而買進，判斷價格在這裡已經過高從而賣出就是逆勢。

所謂的順勢就是順著趨勢交易的想法，所謂的逆勢就是認為趨勢已達頂點將向著相反方向變動的想法。

順勢為主、逆勢為輔的原則

在行情趨勢明確的時候，順著趨勢進行同方向的買賣比較容易獲益，即順勢的交易比較有效；相反的，在盤整行情時，應該考慮上漲時賣出、下跌時買進的逆勢交易比較容易獲利。

但是，行情就算暫時出現上漲或下跌，也不會像我們手繪圖一樣乖乖的持續一段時間，實際上，行情在上漲或是下跌持續一段時間後，很容易出現高檔盤整或者低檔盤整的情況。從次頁加權指數的周線圖表看來，行情既有適合順勢交易的時期也有適合逆勢交易的時期。

原則上，和趨勢站不同立場的交易是很難獲利的，基本應以「順勢交易為主、逆勢交易

為輔」的做法較適當。而為了適合行情變動，買賣方法本身也有必要進行「場合劃分」。而且，不只是買賣戰略，行情本身的狀況也有必要進行「場合劃分」。

（註：交易手法中常見「趁上漲趨勢一時下跌，買進！」的方式，因為雖然是上漲趨勢，但很少會持續直線上漲的，所以，只要評估行情仍會繼續，行情中突然的下跌，因為價格相對低價，所以，是買進的好機會，而這也被視為短線的必勝法。從「上漲趨勢在持續」而「買進」的這個角度來看，一時下跌的買進是順勢，可是，從方法的本身來看，「下跌，買進」也可以稱其為逆勢。）

價格變動幅度

有關行情波動，既有像金融海嘯的瘋狂行情，也有風平浪靜的平和行情。

從一天的情況來看，一般開盤前30分鐘與收盤前30分鐘也是屬於股價波動比較大的時間帶。另外，國內外重要的財經數據公布、農曆春節前後、季報出爐後、每月個股營收公布……，也是價格震幅變大的時期。

股價的波動大不大，將會影響交易戰略的規畫，一般說來，股價波動大的時候，順勢交易比較有效；股價波動小的時候，採取上漲賣

因應不同趨勢分別使用「順勢」和「逆勢」　　　　（圖片來源：台灣工銀證券 — e快客）

注意

上漲趨勢時	以買進為主體的順勢交易。
下跌趨勢時	以賣出為主體的順勢交易。
盤整行情時	上漲時賣出，下跌時買進的逆勢交易為宜。

這就是場合畫分。

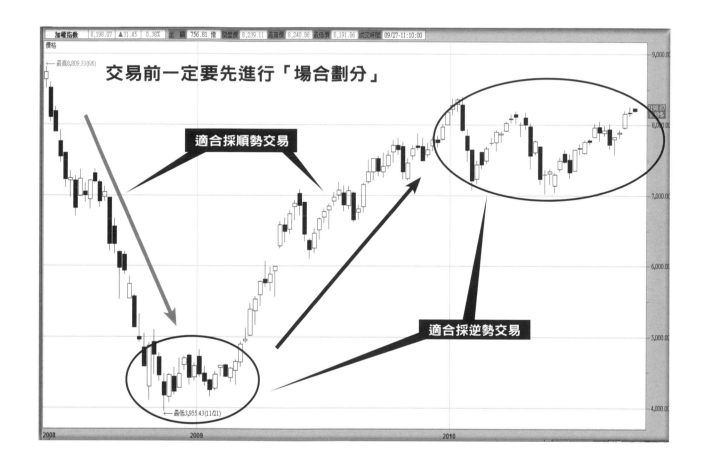

在行情中，既有趨勢明確時適合順勢的時期，也有行情盤整適合逆勢的時期。

出、下跌買進的逆勢交易比較有效。

為了瞭解價格波動，可以做一項功課，就是每天把行情的最高價減去最低價，再取其一段時間的平均值，把兩段時間的價差平均值比較一下，就可以計算出價格的波動最近是偏高？還是偏低？

例如，大盤在2010.8.25～9.27指數每天最高點與最低點兩者相減，23天的平均是72，這個數字高於2010.7.23～8.24，23天平均的61。可以看做近期行情波動是比較大的。

明天的行情不一定是昨天或這個星期的延續，但觀察股價圖，仍可以看出，不同時間段的確存在「價格波動比較大」或「價格波動很小」的區別，而且不管是從月線、周線、日線或是分鐘線來看都有這種傾向。

雖然瞭解這種價格波動的差價與獲益並無什麼直接的關係，但卻是判斷行情必要的觀察角度之一。

 **請注意價格變動狀況** （圖片來源：台灣工銀證券 — e 快客）

注意 價格波動大時　順勢進行交易比較有效。
價格波動小時　逆勢進行交易比較有效。

Part 2

日線＋時線；時線＋分線

亂，
是成功的大忌。
亂，
更是交易的大忌。
本章將討論如何把長線投資與短線交易的問題分開。
對於從事極短線者，
時線是最重要的，
利用時線配搭日線決定應該採取做多還是放空。
利用時線配搭分線決定應該何時進場、何時出場、何時停損。
另一個分別是，
日線、時線圖上通常用「順勢思考」，
分線圖上易則常需要「逆勢思考」。

總要事先畫分出交易條件①
交易周期：長線？中線？短線？

第 一章談區分場合，本章重點則以搭配場合的短線操作，這裏所指的短線交易包括：

● 完成交易時間在數小時內。

● 一趟交易獲利目標在數百元到數千元。

● 投資資本在數萬元到百萬元之間。

以上的規畫適合時間不多的主婦或手頭預算不多的學生，短線操作只要好好的規畫，主婦、退休族或學生想要在1天賺取幾千元的利益不是不可能。如果操作策略清楚而且不貪心一定要賺很多錢的話，短線比起中、長期投資也不遜色，不過，如果個性上總是不能及時停損的人是不適合的，對於極短線交易而言，行動比理論更為重要。

計畫做多長的交易先區分出來

為在短線交易中持續獲利，交易技術上必須超越一般對投資常識的束縛而以一種「非常識」交易。首先投資人要理解的是，短線和長線兩者對行情的觀點是完全相反的，意即長、短兩種投資完全不同，千萬不能混為一談：

長期投資——就趨勢來講，行情要經過投資人形成共同見解必然會花較長的時間，因此交易時儘量不要使用槓桿（信用交易）；應採低價時買進、高價時賣出的交易；儘量不要停損。

短線交易——時間就是敵人（不管做對了還是做錯了，如果放置不管的話就會出現價格變動風險）；如果不使用槓桿（信用交易）就不能獲利；上漲時買進，下跌時賣出的投資方法；停損是不可或缺的。

長線、短線，交易手法大不同

同樣是股票交易，因為持有的時間不同，交易的方法和行動也截然不同。

長期投資被稱為投資王道，在應用上是比較容易被理解的，所以，一般人對於「低價時買進，高價時賣出」屬於自然而然完全不必思考就能直接反應，不過，它也有挑戰人性的地方，比方說如果已經出現帳面上的利潤，也不可以急切的獲利了結，「忍耐力」是必要條件，而且誰愈能忍誰就能獲利。而這樣的思考邏輯卻不能與只有幾小時的交易混為一談，一般說來，事件短期的變化比較容易被預測。例如，比起一年後加權股價指數的走勢，一個小時後的走勢更容易預測一些。但是，在短線交易中如果不利用槓桿倍數進行大額資金操作的話，也很難有相當的獲利。歸納起來「時間」是交易策略很重要的考量因素，以下將先針對交易時間的問題進一步的區分。

總要事先畫分出交易條件②
在乎的時間：大象時間？螞蟻時間？

比起一般交易或長期投資，短線交易必需仰賴適度的槓桿操作才能獲得相當效率的回報，而當行情加上了槓桿操作這項元素之後，投資人對於「價格變動」一事就必需有新的觀點。

舉例來說，本來投入十萬元買入的資金，當行情變動1塊錢獲利是1000元的話，若是用融資槓桿倍率2.5倍來操作，獲利會是2500元；但相對的，若行情是與交易的方向相反時，損失也會是2500元。

大象的時間與螞蟻的時間

用個比喻來說，對大象而言，1塊錢的波動如果是個不值一提的小傾斜，但同樣一塊錢的波動，對於螞蟻來說，這個小傾斜可能猶如高山深谷。

在設定投入資金是小資金水準的前提下，沒有運用槓桿倍率是很難賺到什麼錢的，可是一旦使用了槓桿倍率，一般的價格波動若等同於對大象而言的波動，在加了槓桿操作後，就要用螞蟻的角度來看行情的波動了。

同樣的波動對大象來說，只要緩緩的因應即可，但對一隻同樣在路上的小螞蟻，就不得不對擋在面前的高山大谷急急的東奔西跑。事實上，影響行情波動的理由可能微不足道，甚至只是行情輕微的晃盪一下而已，但對一隻小螞蟻，可能就會因此被搞得暈頭轉向，彷彿在風浪中隨時可能被吞噬的小船。

以上，其實也就是短線交易的困難之處，或者說跑短線不易持續獲利的理由。

說來有點卑微，但事實上，短線投資人必需清楚自己在整個行情的大流中所扮演的角色，若不甚清楚所處的地位，就容易陷入短線交易的陷阱。比方說，本來打算短線交易而做了大額的投資，但是出現與預測相反的行情而沒能及時停損，結果大量的資金被吞噬掉了。

短線交易的該不與該

因此，投資人有必要對短線交易中不能做的事和應該做的事做清楚的認識。

首先，短線者應認清交易目的不是為了失去所賴以為生的資產(包括自己的養老金、定存、房子、孩子教養費等等)，而是為了賺取生活費的工具。不管短線還是長線，只要是「交易」就必須對未來行情做出預測，在某種意義上而言，交易者都必需變為「預言者」，對10分鐘、1個小時以及1天後，乃至一個月後的行情做出預測。但是究竟要預測多遠，就看自己的需要。如果對10分鐘後的行情做預測就是「搶帽子」的超短線買賣；如果是對1個

月後的未來做預測的話，就是「波段」的中期投資。

而又如何對行情做出預測呢？

一般而言，都是透過「因為過去是這樣變動，未來可能會那樣變動」的思考邏輯。

在此，我們對短期交易預測行情的思考過程，再細化為以下三個階段。

第一，對目前行情動向的把握；第二，對「現在處於怎樣情況」進行場合劃分；第三，針對情況選擇合適的戰略。

首先是現狀把握，最重要的要搞清楚現在的行情是上漲？還是下跌？還是盤整行情？

但是這裏就有陷阱，因為當時間軸改變，圖表顯示的「趨勢」就不同了。

很有可能從日K線圖來看，是下跌的趨勢；但是從小時K線圖來看屬於下跌後開始反彈上漲的上漲趨勢；又從5分鐘K線圖來看卻是屬於暴漲……。以上的情況，對短線者就像家常便飯一樣時時在發生。

日線、一小時、５分鐘K線圖這三個時間軸的圖表展現是「大趨勢」「中趨勢」和「小趨勢」。而這三個時間軸又分別和以下買賣判斷的三個思考過程相對應。第一，透過日K線圖對現在的行情動向做現狀判斷；第二，是透過對一小時K線圖，對買進還是放空做「場合劃分」；第三，是在第二的基礎上，從5分鐘K線圖表中尋找最好的進出時點。

如果把日K線圖比作大象的時間，那麼，5分鐘K線圖就是螞蟻的時間。

把短線交易的過程「能見化」

注意 短線交易就是在「**螞蟻的時間**」中決勝負，如果誤以長期的價格變動（大的趨勢）為導向就會迷路。而一般媒體訊息影響的相對於短線者卻是大象的時間。

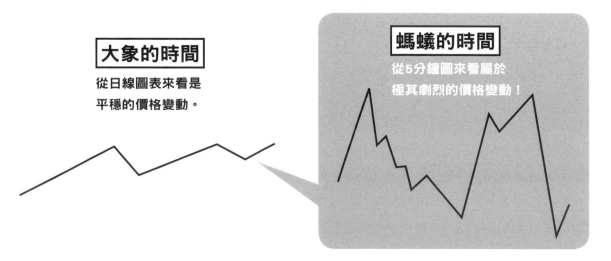

大象的時間
從日線圖表來看是平穩的價格變動。

螞蟻的時間
從5分鐘圖來看屬於極其劇烈的價格變動！

使用槓桿交易，一點點的價格變動就會增加很大的風險。

總要事先畫分出交易條件③
關心的 K 線圖：日線？時線？分線？

接下來直接以實例做說明。次頁為2010年8月30日聯發科(2454)的三個時間軸圖表。

日線圖顯示的是下跌趨勢，60分鐘線圖看起來是在一段高檔盤整下跌之後再繼續盤整（約在428到444元之間），從10分鐘線來看是下跌行情兩度出現急速暴跌之後行情目前是反彈的情況。

時間軸不同看大、中、小趨勢

用文字說明比較難理解，但是從圖表來看，再加上幾條趨勢線對8月30日聯發科當天的行情就很容易掌握了，從大、中、小趨勢的角度來看分別是：

大趨勢——仍舊是下跌；中趨勢——盤整行情；小趨勢——暴跌後，開始反彈上漲

這三個時間軸的關係為，日線這樣的大時間軸支配著60分鐘與10分鐘時間軸。也就是說，不管10分鐘時間軸的圖表上發生什麼變化，都會相應在日線時間軸中反應出來。

因此，從大的時間軸到小的時間軸的逐漸細化過程中，若投資人從上而下分析的話，就可以形成：從日線圖以把握現狀→從60分鐘線圖分辨「場合劃分」→從10分鐘線圖找出進場點，這樣的分析順序。

短線的決策流程

看到這裡，你也許會反問，為什麼順序不是先從10分鐘線開始倒過來呢？的確，有許多短線投資人是採取從下而上的分析順序，不過這樣的分析順序並不建議。

因為若一開始就盯著短時間軸的變動看，因為短時間軸的行情變化並不能代表趨勢，只能說它是少數投資人目前的交易舉動，而使得行情暫時出現波動而已，只看短時間軸並無法找出交易者立場應該站買方還是賣方或是空手觀望。因此，我們可以把短線買賣的決策與行動過程歸納如下：

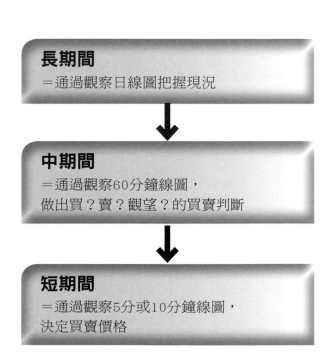

長期間
＝通過觀察日線圖把握現況

中期間
＝通過觀察60分鐘線圖，做出買？賣？觀望？的買賣判斷

短期間
＝通過觀察5分或10分鐘線圖，決定買賣價格

從三個時間軸來考慮短線交易

（圖片來源：台灣工銀證券 — e快客）

總要事先畫分出交易條件④

九種戰略：現在要用那一種？

上一節提到「由上而下」的方式來看三個行情時間軸，不管那一類投資商品的價格波動，乍看之下似乎沒有任何邏輯，但若加上幾條支撐、壓力線，投資人將會發現，價格在看似胡亂反復波動的同時，其實是隨著大趨勢而變動儘管不能說完全沒有「猜」的份，不過，行情的規則還是有可以掌握的地方。

根據這種行情變動與交易戰略配搭，最基本可以配對出以下九種交易機會。

九種買賣戰略類型

上升趨勢時，買賣戰略基本有以下三種：

第一種是，上升趨勢時，下跌時候買進的逆勢交易。

第二種是，上升趨勢時，在突破了上一波高點時，再順勢買進。

第三種是，行情本來處於上升趨勢，但上升勢頭過猛，可以採取逆勢賣出交易。

下跌趨勢時，買賣戰略基本也有以下三種：

第一種是，在下跌趨勢時，趁行情上漲時高價採取逆勢的賣出交易。

第二種是，在下跌趨勢時，當行情跌破前一波的低價時，可視為行情將再加速下跌，而採順勢賣出。

第三種是，行情本來處於下跌趨勢，但下跌的勢頭過猛，可以採取逆勢買進交易。

盤整行情時也有三種戰略：

第一種是，行情持續在一個水平的股票箱中波動，採上漲時就賣出，下跌時買進的逆勢交易戰略。

第二種是，當行情向上突破水平盤整時，則順著突破的方向買進；若是行情向下跌破水平盤整時，則順著跌破的方向賣出。

第三種和第二種的戰略原則一樣，但行情不一定是水平波動，而是隨著最高價與最低價逐漸收斂為一個三角形的三角盤整。這裡的交易方式同樣也是向上突破就加入買方，向下跌破就加入空方。

短線交易要很熟悉戰略運用

如此歸納起來，買賣戰略可以分為如右圖的九款基本型。

反過來說，投資人從股價圖中要捉住下手的機會，最簡單的步驟第一個就是捉住股價圖的最高價和最低價，並拉出趨勢線。也可以關注移動平均線的發展傾向以及與現在價格的相對位置，依此決定使用九種戰略中的那一種？

這就是所謂的短線交易。

請記住以下九種買賣戰略的類型

 **買賣戰略可以根據九種類型來進行「場合劃分」。**

上漲趨勢時

⬆ 上升途中，在「一時下跌時」，買進。

⬆ 上升途中，行情再次突破上漲的最高價，買進。

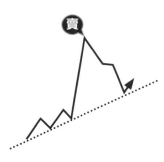
⬆ 上升途中，急速暴漲到過於偏離的時候，賣出。

下跌趨勢時

⬆ 下跌途中，在「一時上漲時」，賣出。

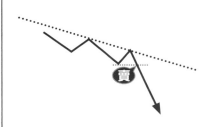
⬆ 下跌途中，行情再次跌破下跌的最低價，賣出。

⬆ 下跌途中，急速暴跌到過於偏離的時候，買進。

盤整趨勢時

⬆ 行情陷入水平盤整時，採上漲時賣出，下跌時買進的方式。

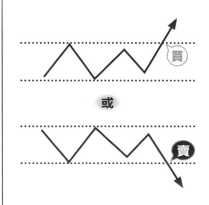
或
⬆ 價格突破水平壓力線，買進；跌破水平支撐線，賣出。

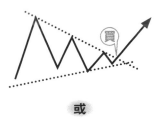
或
⬆ 三角盤整時，向上突破，買進；向下跌破，賣出。

看盤細節①

評估風險並找到有利的位置

次頁是前文經過一個月後聯發科的走勢。前面在60分鐘線圖中曾提到行情當時處於在暴跌之後不相上下的盤整行情。若是盤整行情一直持續，其交易策略就是下跌買進、上漲賣出的逆勢法。但當行情從小幅變動轉變為劇烈變動的瞬間，之前的逆勢戰略就不適用，而要改變為順勢比較正確，也就是換成漲時買進。次頁在日線圖在9月3日跳空且收了一根大紅棒，行情已經高過下跌趨勢線，還記得前面討論過的九個看圖法嗎？本來處於下跌趨勢的行情，在價格上漲超過壓力線時，意味著未來行情出現逆轉向上的機會很高。

這裡並不是說，行情跨越壓力線之後價格必漲，因為也有另一種可能，價格雖然暫時越過壓力線，但空方勢力仍強行情將再下壓回來，價格再度下挫。換句話說，不管是那一種情況，當行情處於重要關卡的當兒，價格波動往往是比較大的，所以，就日線來看，行情在靠近重要關鍵價位時，投資人就需要特別注意，因為價格是否會超過趨勢線，對行情的判斷有180度的不同，而且，一般投資人不管長、中、短期投資人對於日線圖都十分關注，因此，日線圖在面臨關鍵價格時是屬於面對「暴風雨」的行情，當大家有志一同「超過壓力趨勢線的話買進；沒有超越的話賣出」，如

此二選一的狀況，到底哪個勢力會最終取勝？除了天沒人知道，只能說它往往像暴風雨在瞬間發生。當日線圖這種大象的時間發生暴風雨，相對於短線者用分鐘線這樣螞蟻的時間不只是暴風雨，根本就是颱風。

當行情颳颱風時，短線者逆勢交易是一定不能採用的，比較合理的方式是行情向上突破就順著走勢買進，向下跌破就順著走勢賣出。

回到聯發科的例子，從60分鐘線來看，8月30日本來是盤整行情，應採逆勢交易方式，但在9月3日出現強力突破之後，就必須採取順勢交易的策略了。歸納整理如下：

長時間軸——猛烈上漲＝不可以採用賣出交易的策略；中時間軸——9月3日暴漲，接著幾天的急跌後，目前處於反彈，在高檔盤整的局面；小時間軸——行情在9月3日暴漲之後，在高檔出現盤整，9月14日一早開盤又突破盤整區的最高價，看起來勢頭很猛，但之後又回檔下跌。

日線圖顯示的是猛烈上漲局面，但是短期的時間軸來看屬於盤整局面，因此在這裡可以採取逆勢交易。但回過頭來看日線，目前仍屬於猛烈上漲，應該放棄「低買、高賣」中的「高賣」，而以「低買」為主軸，所以，在10分鐘線圖上要尋找「低買」的機會。

以上是截至9月14日對行情的見解。

三個時間軸和趨勢線

（圖片來源：台灣工銀證券 ─ e 快客）

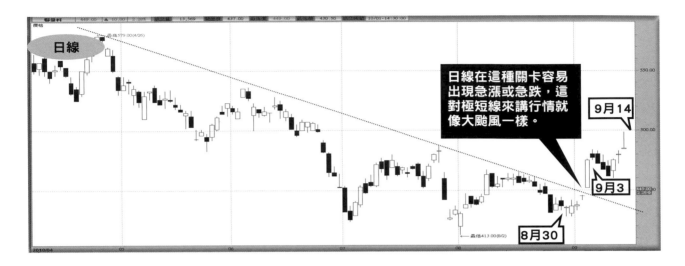

日線

日線在這種關卡容易
出現急漲或急跌，這
對極短線來講行情就
像大颱風一樣。

9月14

9月3

8月30

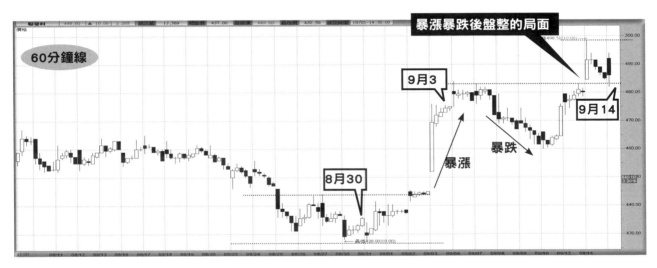

60分鐘線

暴漲暴跌後盤整的局面

9月3

暴漲

暴跌

9月14

8月30

10分鐘線

急漲後出現回檔。

9月3

9月14

8月30

看盤細節②
事先規畫，事後檢討

般投資書籍最常見的範例說明就是「如果你跟著這樣做的話，就會成功」，這種舉例方式也沒有什麼不好，但要運用在短線交易卻很不務實，因為短線交易儘管有「方法」，但方法的成功率鐵定不是100%的，甚至可以說，就算按照書上的方法完美的照表操課，失敗也是家常便飯。

要進行短線交易，把「失敗」當飯吃應該要習以為常，若心態上是健康的，即使失敗也不用慌張，以下的範例就是雖然交易失敗了，但心態卻是正確的例子－－

未獲利但交易心態正確的例子

從日線圖來看，亞泥2010年8月27日在前一日急跌之後收了一根帶下影線的黑棒。從60分鐘線來看，處於橫盤的局面，27日收盤幾乎快突破壓力，於是規畫若隔一天行情能突破壓力，就以「突破，買進」的交易戰略。下個交易日(8月30日)開了高盤，從10分鐘線來看，是跳空上漲的局面，於是依計畫買進。

買進之後行情並沒有如預期繼續上漲，反而跌出股票箱支撐線，在跌出股票箱最低點時，損失了一些資金停損賣出。

第一次的交易以失敗告終，但是第二次用同樣的交易邏輯，在9月1日早上9：40以29.0元買進，13：00以29.7元賣出，賺取了0.7元的利潤(不計算稅金與手續費)。

一面交易一面檢討自己的策略

短線交易既有損失的時候也有獲益的時候。回頭過來檢討原有的交易設定，可以找出以下兩個值得再研究的地方－－

一、從60分鐘線圖上安排「出現向上突破，就跟進做多」在這裡並不一定合宜。因為仔細看，圖形是在一段下跌之後的低檔盤整，在盤整區內「高點放空、低點做多」較合適，雖然也可以像這個例子，採取「跟蹤行情突破的方向」做交易，但這種情況被騙的機率也很高，不過若捉對了，也能賺到比較多的錢。這一次的交易做對的地方是，一發現這是個錯誤的方向時，不久就停損出場。

二、第二次的交易雖然做對了方向，可是停利出場的標準是什麼呢?為了避免賣得太早應該要有一個統一的參考值做為進出依據才合理。雖然這個「參考值」常常是不準的，可是，對短線者來講，有一個合理的參考值會讓自己在操作時不致於心亂而失了準頭。

為了做到儘量較少失敗應該怎麼做呢？下一節將有進一步的說明。

沒有必要因為一次的失敗的挫折

（圖片來源：台灣工銀證券 ── e快客）

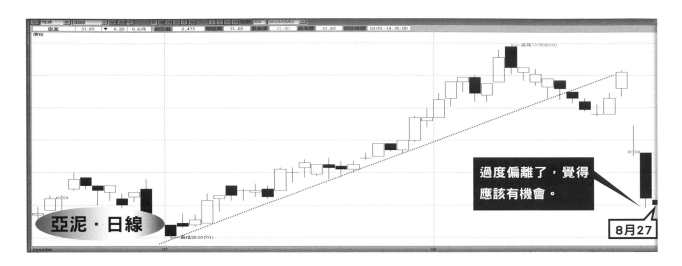

亞泥・日線

過度偏離了，覺得應該有機會。

8月27

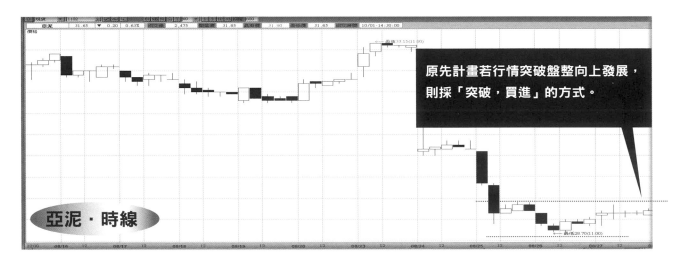

亞泥・時線

原先計畫若行情突破盤整向上發展，則採「突破，買進」的方式。

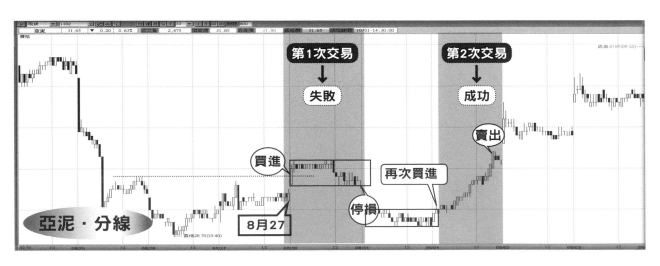

亞泥・分線

第1次交易
失敗

第2次交易
成功

買進

再次買進

賣出

停損

8月27

看盤細節③

使交易過程能見化

在幾小時乃至幾分鐘的短線交易中扣掉手續費與交易時發生的誤差,若沒有精算清楚並不容易獲利,因此,儘管出手一買一賣得快速完成,但絕不是草率行事,應該只在認為獲利機率極高的情況下才交易,也就是說應該等待絕好的機會才出手。出手的關鍵點簡化起來有兩大重點,第一是決定以「買進」還是「放空」為主軸;第二是「進場」與「出場」的時機。

次頁是日月光(2311)的範例,目的在說明,若沒有選擇正確的進場與出場時間,有可能投資人已經選對了交易方向,但仍舊無法獲利的例子。

從日線圖看,2010.9.14日月光跳空上漲,是擺脫既有下跌趨勢很強的訊號,看起來上漲勢頭很猛。

隔一天(15日),行情漲超過了前一波跌勢前的一塊壓力區,看起來應該採取「向上突破跌勢,買進」的交易方式,於是當天10點就以24.65元買進。不過,行情並沒有持續上漲,當天就轉入下跌,不得已在中午過後以24.3元賣出停損出場。

但是,接下來的行情在一段時間的整盤之後,終於如日線所觀察的那樣,順利的上漲了。這就是典型的「雖然預測準確但是結果損失」的例子。

這次的交易,雖然交易方向(買進或放空)的選擇是正確的,但是沒有處理好進場與出場點而無法順利獲利。

那麼,是不是把停損點降低,就能順利獲利呢?

的確有一派的見解是如此,不過,那是被包含在某種交易策略底下的配套方法,例如,「投資達人MOOK 10」的程式交易中即討論過,為了取得高的報酬率,有必要把停損點設遠一點,不過,別忘記,那是一個已經配套好的交易方案,而且是中長線投資為主才能用那種方法,在這裡討論的是短線交易,把停損點設遠一點,非但沒有什麼具體的幫助,反而有加大損失的危險性。

面對行情「買進」還是「放空」的交易方向選擇當然重要,可是對於短線交易來說,更不能忽視「什麼時候進場」、「什麼時候退場」、「什麼時候只能等待」這種時間與細節的問題。如果對於這種問題的解決方法很不確定或是很模糊,短線做了半天也有可能像溫水煮青蛙一樣,總在少少的損失中不知不覺的浪費掉自己的資金了,因此,從事短線者有必要把所有的問題都變成「能見度」很高的問題,也就是說,知道那是問題與風險,但自己卻有一套對應之道,而且了然於胸。

預測準確結果卻出現損失的例子

（圖片來源：台灣工銀證券 — e 快客）

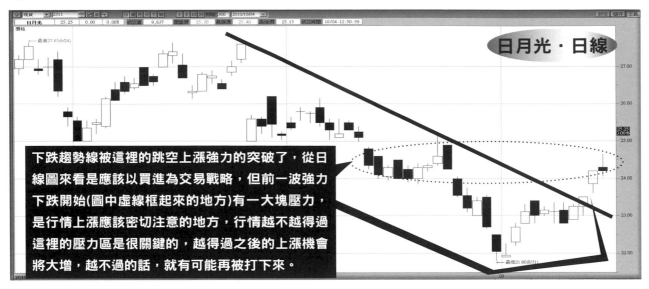

> 下跌趨勢線被這裡的跳空上漲強力的突破了，從日線圖來看是應該以買進為交易戰略，但前一波強力下跌開始(圖中虛線框起來的地方)有一大塊壓力，是行情上漲應該密切注意的地方，行情越不越得過這裡的壓力區是很關鍵的，越得過之後的上漲機會將大增，越不過的話，就有可能再被打下來。

日月光‧日線

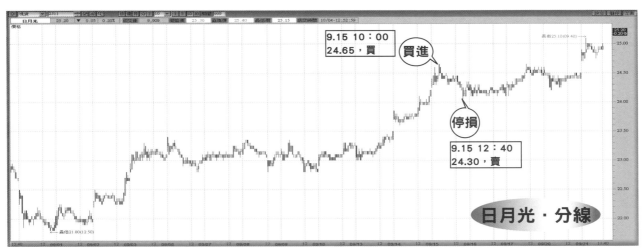

9.15 10：00
24.65，買

買進

停損

9.15 12：40
24.30，賣

日月光‧分線

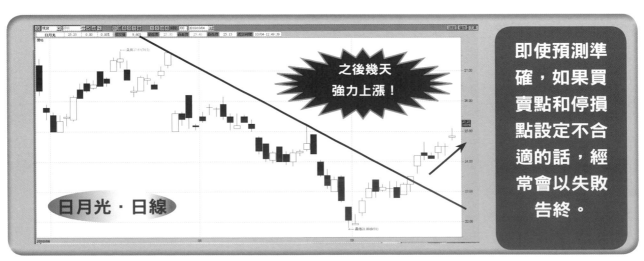

之後幾天
強力上漲！

日月光‧日線

即使預測準確，如果買賣點和停損點設定不合適的話，經常會以失敗告終。

短線決戰武器 ①

日線圖 → 現狀把握

和市場短線分勝負,日線、60分鐘和5分鐘(或10分鐘)是用來戰鬥的武器。日線與60分鐘線,可以在上面畫出趨勢,並找出過去的最高價、最低價以及價格密集盤整區所處的價格帶。「買進?賣出?還是等待?」的買賣戰略,是借由日線和60分鐘線兩者比較而決定的;進場點與出場點則由60分鐘線與5分鐘線比較而做出決定的。

值得提醒的是,短時間段如5分或10分鐘線,並非做為判斷行情之用,而是將這種短時間軸的線圖配搭更容易看出進場點與出場點的MACD與保力加通道(Bollinger bands)以做為進出時點的依據。

再重覆前面說過的原則——

日線→只用於看出行的現況。

60分鐘線→很重要,因為判斷買進?賣出?還是等待?主要由這裡決定。

5分鐘線→找到進場、出場的價位。

短線交易就是這樣一個順序。

🌐 日線,極重要也可能極不重要

首先討論日線圖。

中長期投資者一定得研究日線圖,但是以1天幾千元的獲利為目標的短線交易者,只要從日線圖中畫出趨勢線,大致看一下目前情況即可。

重點就在分辨目前行情屬於上漲?下跌?還是都不是?當然也可以從日線圖觀察一下速度,辨別是急速上漲(下跌),還是緩慢的上漲(下跌)?將有助於做交易決策。

另外,從日線圖要再多留意的一件事,是看清楚當天價格是否接近過去的最高價、最低價或者趨勢線。

因為大部分的投資人對「是否突破日線圖的重要價位關卡」非常關心,而這將會造成短時間軸價格變動有很大影響。

比如,次頁上圖是矽品(2325)2010.9.8日的日線圖,以本例而言(採這樣的畫趨勢線方式),這張日線圖的參考價值幾乎沒有,只能看出中長期目前是處於下降趨勢,如此而已。

但下一張圖,也就是矽品2010.9.4日的日線圖,則屬於下跌之後反彈上漲的局面,由圖形上來看,行情會不會突破上漲壓力線而繼續上漲呢?則是一個很大的分歧。也就是說,當時日線圖的動向可能將給超短線的行情帶來極大的影響。

所以,對極短線的交易者而言,有必要將日線圖的重要性區分為幾乎沒有影響與有極大影響兩個方面。

日線圖和短線交易的關係

（圖片來源：台灣工銀證券 — e 快客）

注意 短線交易中通過日線圖以把握現狀。
可以拉出趨勢線，以判斷上漲？下跌？還是兩者皆不是？並分辨
它對短期走勢的重要性。

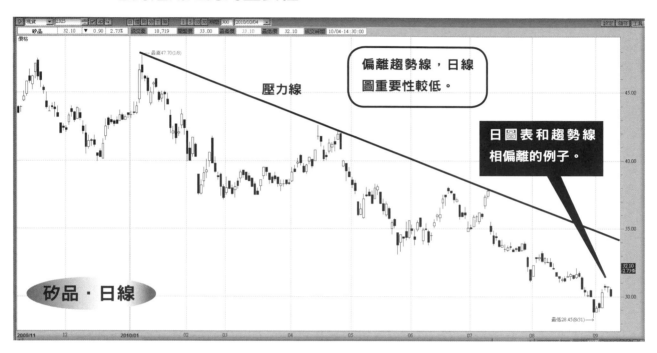

偏離趨勢線，日線
圖重要性較低。

日圖表和趨勢線
相偏離的例子。

壓力線

矽品・日線

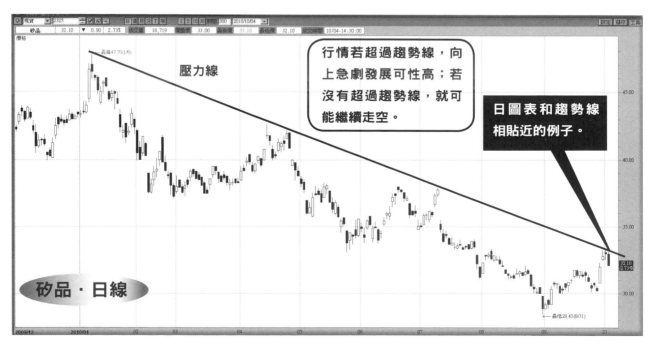

行情若超過趨勢線，向
上急劇發展可性高；若
沒有超過趨勢線，就可
能繼續走空。

日圖表和趨勢線
相貼近的例子。

壓力線

矽品・日線

短線決戰武器②－1
60分鐘圖→判斷買進或放空方向

短線，最重要的時間軸非60分鐘線圖莫屬了。看日線圖把握大致行情後，就要從60分鐘圖詳細「劃分場合」，確立買進？放空？還是等待？的戰略。

在心裡頭很有自信的認為「這裡不用懷疑，應該站買進立場決勝負！」或是「這裡不用懷疑，應該站放空立場決勝負！」建議應該以60分鐘線圖為主並同時參考日線圖來做出決定。

60分鐘線圖中出現的行情模式，主要分為以下九種模式。

🌐 上漲趨勢

① 在反復上下波動的同時，持續著漂亮的上漲＝上漲趨勢。

② 上漲後，在高價附近小幅的上下變動＝高價盤整。

③ 上漲後暴跌，上漲趨勢接近崩潰＝上漲趨勢的轉換。

🌐 下跌趨勢

④ 大幅下跌→小幅上漲→再次大幅下跌持續全體陷入下跌的趨勢＝下跌趨勢。

⑤ 下跌後，在底價附近小幅波動＝低價盤整。

⑥ 下跌後轉入上漲，下跌趨勢幾乎崩潰＝下跌趨勢的轉換。

🌐 盤整趨勢

⑦ 在相當長的期間內，行情在小範圍內波動＝盤整行情

⑧ 價格幅度陷入僵局，價格變動範圍縮小＝三角盤整行情

⑨ 相反價格幅度變大，盤整出現似乎要向上或者向下變動＝突破盤整

交易的基本原則是順應趨勢發展，在①的時候採取買進交易，④的時候採取放空交易；②是上漲趨勢還沒有瓦解的高檔盤整，屬於買進優先也但跌落盤整之下應採放空交易；⑤與④剛好是相反的情況，屬於放空優先，但突破盤整之上應採買進交易。

趨勢處於轉換點的③、⑥和⑨，可以稱為暴風雨的瞬間，不管是買進還是放空，抓住這個瞬間，趁著新發展方向採取順勢交易就對了，如果不能確信之後的發展方向，感覺好像並非趨勢的逆轉，那麼就採取短線的上漲時賣出，下跌時買進的逆勢交易為主要操作策略。

60分鐘線圖其買賣判斷可分為九種

 注意 價格變動沒有絕對，實務上還是以「隨機應變」為宜。

	①	②	③
上漲趨勢時	**買** **順利上漲** ➡ 下跌到趨勢線的話，採取一時下跌時買進。在突破高價的上漲加速時，也可以買進。	**買 or 賣** **高檔盤整** ➡ 盤整持續時，採「下跌，買」的方式。若突破盤整時，向突破的方向交易。	**賣** **上漲趨勢逆轉** ➡ 上升趨勢線如果被跌破，不能再站買進的方向，要站放空的方向。
	④	⑤	⑥
下跌趨勢時	**賣** **持續下跌** ➡ 上升到趨勢線的話，採取一時上漲時放空。在跌破低價下跌加速時，也可以放空。	**買 or 賣** **低檔盤整** ➡ 盤整持續的話，上漲時進行放空交易。如果盤整被打破的話，按方向進行交易。	**買** **下跌趨勢逆轉** ➡ 下跌趨勢線如果被突破，不能再站放空的方向，要站買進的方向。
	⑦	⑧	⑨
盤整趨勢時	**買 or 賣** **水平盤整** ➡ 盤整持續時，反復進行上漲時賣出，下跌時買進的逆勢交易。	**等** **三角盤整** ➡ 觀察盤整範圍逐漸變小。此時，應該空手，等待這樣的局面會往哪個方向發展？	**買 or 賣** **突破盤整** ➡ 如果盤整被打破，就按照打破的方向進行交易。

短線決戰武器②－2
60分鐘圖→練習站對方向

把日線圖的形狀留在頭腦中，並依60分鐘線圖，在心中構建「行情今後可能怎麼變化？在這樣的變化下應該採用怎樣的買賣戰略？」用白話來說，就是在心裡面盤算著——

「在這種情況的話，只能是上漲吧！」、「行情這樣發展的話，預測為下跌是比較合理的！」、「之後將怎麼發展，目前還不能肯定！」……諸如此類的「直觀」看起來很不科學，但它非常重要。雖然之後還會講到可以利用有數字統計為依據的「技術指標」以輔助「人腦」，不過，技術指標既有長處也有短處，而且，也有可以使用與不能使用的時候。用過技術指標的短線投資人都有一個共同的經歷，那就是：若完全信靠技術指標進出，最後結算下來，100%會失敗。

要從快速變動東竄西竄的「螞蟻時間」中賺到錢，捉住一個最基本原則還是比較好。

🌐 當日的戰略，原則不應更改

首先，從圖表的形態、過去的最高價、過去的最低價、趨勢線這樣簡單的道具，做行情判斷是很基本的。如果不先掌握核心、捉住基準，就會在「螞蟻的時間」中陷入這樣也不對那樣也不對的地步。

通過觀察日線圖和60分鐘線後，若已經決定當天要站在「買進」的立場，就應該只進行買進的交易；若已經決定當天要站在「放空」的立場，就應該只進行賣出的交易；若決定再看看的話就不要急著進行交易。

當然，一天中也有同時可以做多與放空的時候，例如，當圖表顯示行情循著一定的山和谷波動（從日線看就是陷入膠著）有規律的上下波動時，就屬於買進交易和放空交易都能獲利的時機。

需要再次提醒的是，和趨勢「做對」的做法是很難成功的，而且一聽到媒體新聞就變更操作方向的做法，最後往往落得被價格捉弄的下場。

前面雖然長長的談了不少，但其實尚未進入短線交易的執行面，也就是說之前所討論的尚在暖身階段，但這是一定要的「認知」，畢竟先弄清楚出手交易究竟要站多？還是站空？這是相當重要的。

接下來有四個練習題，這是採數日間的波段投資與2天內的短線交易為主的練習題，而不是搶幾分鐘的極短線買賣。交易是沒有標準答案的，世上也沒有完全相同的兩張圖表，因此，以下問題的答案僅供參考。這個實戰題目的在於讓讀者透過觀察圖表，確立自己的買賣戰略。

實戰演練 1　根據日線圖／60分鐘線圖　做為 *交易戰略* 判斷

請試著以波段交易為目的，由日線圖預測約一周之後的行情；以數小時到 2 天的交易為目的由60分鐘線預測約 2 天後的行情發展。戰略分別以「買進」「賣出」「等待」來回答。

台塑日線 → 2010年 8月25日　　　　　　　　　　　　　　　　　　　　　（圖片來源：台灣工銀證券 — e快客）

台塑60分鐘線 → 2010年8月25日　　　　　　　　　　　　　　　　　　（圖片來源：台灣工銀證券 — e快客）

實戰演練 1　根據日線圖／60分鐘線圖　做為 *交易戰略* 判斷

解答 **1**　　波段交易 **買進**　短線交易 **買進**

台塑日線 ➡ 2010年9月3日

（圖片來源：台灣工銀證券 — e快客）

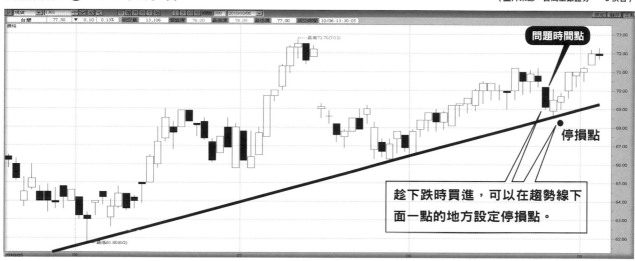

問題時間點

趁下跌時買進，可以在趨勢線下面一點的地方設定停損點。

停損點

說明 ⬆　日線圖持續漂亮的向上趨勢，跌到趨勢線處「買」是比較合理的操作方式，可以在趨勢線下面一點點的地方設停損點，因為也有可能在問題時間點的黑棒之後繼續下跌。

台塑60分鐘線 ➡ 2010年8月27日

（圖片來源：台灣工銀證券 — e快客）

問題時間點

採取下買上賣的戰略。

說明 ⬆　從60分鐘線來看，是一種上漲在高檔水平盤整的樣子，搶短線的戰略是在盤整行情下跌時，買，若不貪心的話，可以賺進大約1塊錢的價差。

實戰演練 2　根據日線圖／60分鐘線圖　做為 *交易戰略* 判斷

練習題 2

請試著以波段交易為目的，由日線圖預測約一周之後的行情；以數小時到 2 天的交易為目的由60分鐘線預測約 2 天後的行情發展。戰略分別以「買進」「賣出」「等待」來回答。

華碩日線 ➡ 2010年 8月25日　　　　　　　（圖片來源：台灣工銀證券 — e 快客）

華碩60分鐘線 ➡ 2010年8月25日　　　　　　　（圖片來源：台灣工銀證券 — e 快客）

實戰演練 2　根據日線圖／60分鐘線圖　做為 *交易戰略* 判斷

 解答 2　波段交易 **等待**　短線交易 **放空**

華碩日線 ➡ 2010年9月3日　　　　　　　　　　（圖片來源：台灣工銀證券 ── e快客）

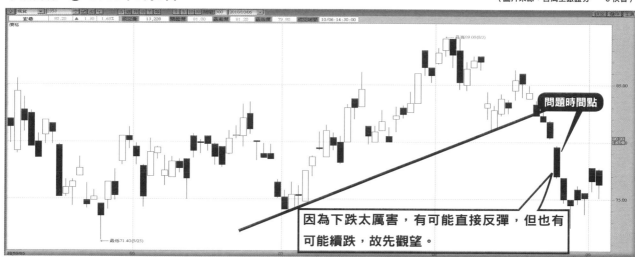

> 問題時間點
>
> 因為下跌太厲害，有可能直接反彈，但也有可能續跌，故先觀望。

說明 ⬆ 　問題時間點的那一根大黑棒是在已經跌破上漲趨勢線之下，在止跌訊號沒有出現之前，放空（賣出）是必然的戰略。但因為設定只做大約一周的交易，應等止跌訊號出現。

華碩60分鐘線 ➡ 2010年8月27日　　　　　　　　　（圖片來源：台灣工銀證券 ── e快客）

> 問題時間點
>
> 跌勢猛，可直接放空。

說明 ⬆ 　問題的時點顯示是暴跌後的低價盤整，買是一定不行的，但是應該在盤整上漲時趁高價放空？還是等盤整跌破支撐線順勢放空呢？可以和日線圖比較一下，因為日線下跌的勢頭極強，只要直接放空即可，這裡就不需要再等待了。

實戰演練 3　根據日線圖／60分鐘線圖　做為 *交易戰略* 判斷

練習題 3

請試著以波段交易為目的，由日線圖預測約一周之後的行情；以數小時到 2 天的交易為目的由60分鐘線預測約 2 天後的行情發展。戰略分別以「買進」「賣出」「等待」來回答。

友達日線 ➜ 2010年 9月3日

（圖片來源：台灣工銀證券 — e快客）

友達60分鐘線 ➜ 2010年9月3日

（圖片來源：台灣工銀證券 — e快客）

實戰演練 3 　根據日線圖／60分鐘線圖　做為 *交易戰略* 判斷

解答 **3**　波段交易 **等待**　短線交易 **等待**

友達日線 ➡ 2010年 9月10日　　　　　　　　　　　　　　　　（圖片來源：台灣工銀證券 — e 快客）

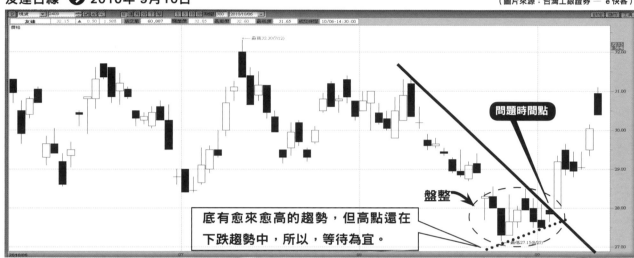

問題時間點

盤整

底有愈來愈高的趨勢，但高點還在
下跌趨勢中，所以，等待為宜。

說明 ⬆　行情是在一波很明確的跌勢之後出現一塊盤整局面，從「問題時點」看，雖然還處在下
跌的趨勢，可是底部愈來愈高有種「跌不下去」的感覺，讓人覺得這個時候上漲也不意
外，此時「等待」應該是最好的。

友達60分鐘線 ➡ 2010年9月7日　　　　　　　　　　　　　　　（圖片來源：台灣工銀證券 — e 快客）

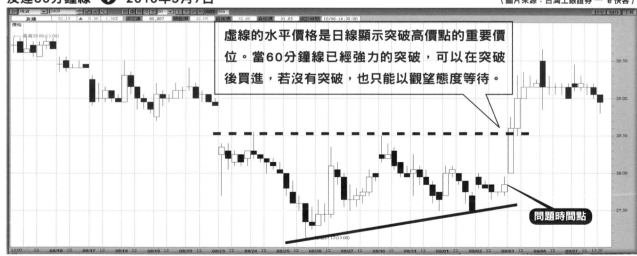

虛線的水平價格是日線顯示突破高價點的重要價
位。當60分鐘線已經強力的突破，可以在突破
後買進，若沒有突破，也只能以觀望態度等待。

問題時間點

說明 ⬆　從本圖可看出屬於從低價圈反彈上漲的盤整行情。雖然擔心出現更大幅度的下跌故持等
待的態度，但在隔天的第一個小時出現了長長的大陽線大幅上漲，在此可以從「等待」
變為「買進」。

實戰演練 4　根據日線圖／60分鐘線圖　做為 *交易戰略* 判斷

練習題 **4**

請試著以波段交易為目的，由日線圖預測約一周之後的行情；以數小時到2天的交易為目的由60分鐘線預測約2天後的行情發展。戰略分別以「買進」「賣出」「等待」來回答。

旺宏日線 ➔ 2010年 9月30日　　　　　　　　　　　　　　（圖片來源：台灣工銀證券 — e快客）

旺宏60分鐘線 ➔ 2010年9月30日　　　　　　　　　　　（圖片來源：台灣工銀證券 — e快客）

實戰演練 4　根據日線圖／60分鐘線圖　做為 *交易戰略* 判斷

解答 4　波段交易 等待　短線交易 放空

旺宏日線 ➡ 2010年 10月6日　　　　　　　　　　　　　（圖片來源：台灣工銀證券 ─ e快客）

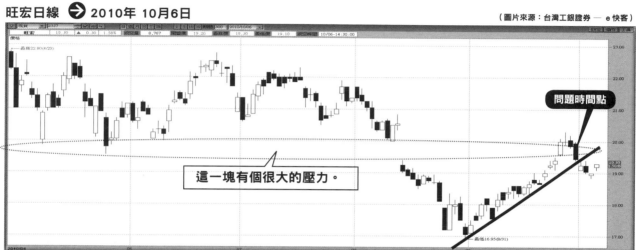

這一塊有個很大的壓力。

問題時間點

說明 ⬆　從問題時間點看，雖然是處在上升趨勢上，不過，在虛線標出來的價位顯然有很重的壓力，而且當天又收了一根大陰線，是要趁低價買進？還是應該賣出？實在不好判斷，考慮到壓力的問題應放空，但在上升趨勢下又不宜放空，所以，等待為宜。

旺宏60分鐘線 ➡ 2010年10月5日　　　　　　　　　　　（圖片來源：台灣工銀證券 ─ e快客）

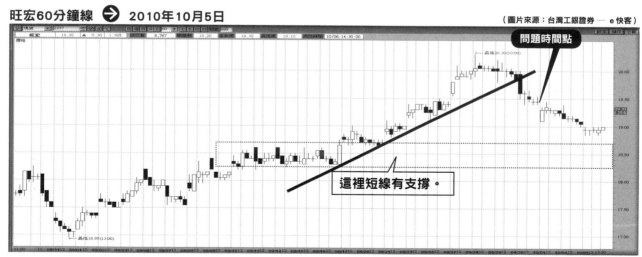

問題時間點

這裡短線有支撐。

說明 ⬆　9月30日開盤的那一根大黑棒已經把原有上升的趨勢形態破壞掉了，之後果然持續下跌，在問題時間點上尚沒有看到什麼止跌訊號，所以應該採放空為佳，若行情繼續下跌，在虛線標示的地方將有支撐，約在19.5元不容易被跌破，但若跌破可能會繼續向下探。

短線決戰武器③－1
5（10）分鐘圖→設計進、出場與停損點

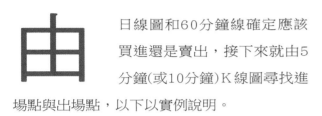由日線圖和60分鐘線確定應該買進還是賣出，接下來就由5分鐘(或10分鐘)K線圖尋找進場點與出場點，以下以實例說明。

從分鐘線尋找進場與出場點

次頁的日圖來看，宏碁的股價在2010年9月8日在急跌之後出現反彈，從K線的排列來看，屬於被大陽線包住小陰線的組合，當行情在高價圈出現這種「陽孕陰」，意味著上漲動能變弱，為「下跌」的訊號。

從60分鐘線圖來看，在一小時急跌0.8元之後，行情在80.4～80.8之間持續將近3個小時的小幅波動，還記得前面講過小時線的九種圖形嗎？原則上這裡應該以放空為主。

另外，因為屬於暴漲後無力的下跌，這種情況下的放空以短線為宜。

透過日線圖和60分鐘線圖的比較並決定了「放空」之後，接下來就是通過10分(或5分)鐘K線圖找出「就在這個位置進行放空！」的時機。也就是說，透過5分鐘K線圖找到什麼時候進場？什麼時候出場？什麼時候停損？的三個關鍵價。

用分鐘線看盤，不需要像日線或小時線一樣的製作趨勢線。取而代之，應該關注過去的最高價、最低價和價格頻繁重疊的價格帶。以分鐘線那麼細的時間段看盤，一般沒有什麼趨勢可言，而是行情會在山（最高價）、谷（最低價）以及平原（價格頻繁重疊）的價格帶上，時急時緩的移動。

有關「價格帶」

為什麼會出現這種情況呢？

一般投資人有「損益平衡」的既定心態，一旦之前獲利的人出現虧損，或之前虧損的人出現獲利，心理就容易因此產生變化，行情也容易出現轉換點。

透過分鐘線可以先找出稱得上「轉換心情」的價格帶作為關鍵價格。未來我們將會頻繁的提到「價格帶」，它沒有具體的定義，只要投資人覺得行情在這個價位將會出現「卡卡的」就可以把這區位的價格叫「價格帶」，一般採之前的最高價、之前的最低價與價格頻頻重疊的地方。行情碰到價格帶上漲將受到阻力，但越過之後，它則成為支撐；下跌時，碰到價格帶也容易被卡住跌不下去，等跌到價格帶之下它又成為上漲的壓力，依此類推。

根據日線、60分鐘線以確認買進或放空

（圖片來源：台灣工銀證券 — e 快客）

宏碁日線 ➡ 2010年9月8日

說明 ⬆ 從日線圖來看，行情是從急跌後反彈上漲，但到了9月8日出現了一根小陰線，整個被包含在前一根大陽線內，是「上漲動能不足」的徵兆。

從日線來看，下跌的機會很高。

宏碁60分鐘線 ➡ 2010年9月8日

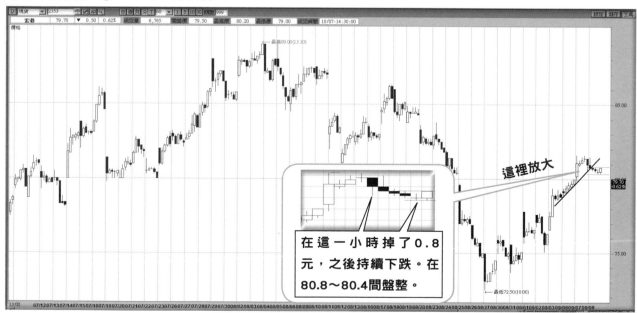

說明 ⬆ 60分鐘線看，目前是處在跌破上漲趨勢之後小盤整的區塊，所以，可以確立短線的交易戰略採取放空的方式。

根據分鐘線找出進場點、出場點與停損點

（圖片來源：台灣工銀證券 — e 快客）

宏碁10分鐘線 ➡ 2010年9月8日

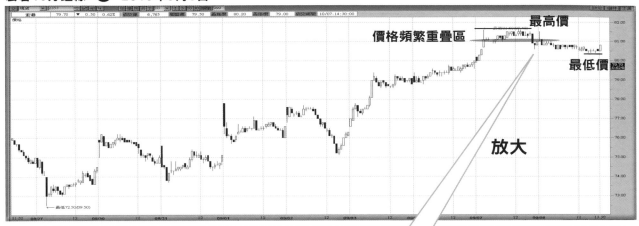

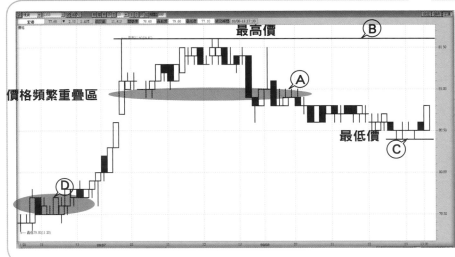

決定放空策略後的規劃		
行動	價位	參考點
放空點	81.00元	A
停損點	81.50元	B
第一階段的停利	80.40元	C
第二階段的停利	79.50元	D

宏碁10分鐘線 ➡ 2010年9月13日

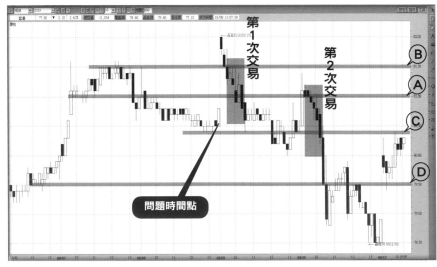

實戰績效		
	時間	損／益
第1次	9月9日9：20 81.5元放空 / 9月9日10：30 80.4元獲利了結	獲利 1.1元
第2次	9月10日9：30 81.0元放空 / 9月10日10：20 79.5元獲利了結	獲利 0.5元

短線決戰武器③－2

5（10）分鐘圖→進出場設定範例

決定交易方向後，首先找進場點。延續前一節宏碁9月8日的日線與60分鐘線為例，當決定短線放空戰略，等同於投資人決定要「瞄準下跌→反彈→趁反彈無力即將再次下跌時→放空」。不能說所有的極短線必然是這樣的模式，但這種模式是比較合理的基準。

為什麼呢？

假設你現將採取放空交易，那麼，必然面臨以下三種選擇－－

第一種是不管如何一決定放空立刻就放空；第二種是趁行情跌破支撐，再次下跌時進場放空；第三種是趁行情相對高時以逆勢交易放空。

在沒有重大的利多或利空消息刺激價格強力走單邊行情（持續漲或持續跌）時，應該以第三種情況為主，也就是從很短的時間軸（如5分、10分鐘）中，找出逆勢交易的進場點（見範例一）。

理由是：以感覺行情會下跌為例，應該儘量在高價的位置進場，可以減少頻頻停損或因為能賺的差價太小賺進的錢連手續費都不夠的窘境。

若仍「有看沒有懂」，以下再舉一個利用5分鐘線決定進場時機的例子。下一個跨頁是東貝2010年10月6日的三種不同時間段的股價圖，從日線圖來看是在一個比較大的下跌之後，10月5日、6日均出現了長下影線，尤其是6日的長下影線相當的長，顯然行情在底部有買盤進場。但是，從之前的下跌過程來看，要說從現在開始就要逆轉，看起來上升力道仍嫌不足。所以，在這裡就可以開始透過5分鐘線尋找放空的機會（註：還有疑問的人請想一想，為什麼既已認為底部有買盤，卻還要放空的道理。簡單的答案就是，因為我們這裡討論的是幾分鐘到幾小時的極短線交易）。

從5分鐘K線圖可以看出，東貝在之前的暴跌後，在低價盤整位置轉入上漲趨勢。

事實上，只要成交量比較大的個股，在暴跌後或暴漲後，常可以找到像東貝這樣從5分鐘線來看出現猶如鍋形般的價格排列。

在暴漲→暴跌這樣價格變動後，行情仍會持續之前大趨勢一段時間的情況很常見，所以，在設定進、出場點時，以本例就可以設定在暴跌前密集成交價格帶47.4元為放空點、暴跌前曾經反彈的最高價48.9元為停損點，若行情如估算的下跌，來到之前暴跌的最低價46.9元，就可以獲利了結了。如此設定也許投資人會覺得「只獲利一點點」，但這裡並不以「偶爾的獲益」為目標，而是為了實現長期持續獲利而建立的安全戰略，不管是獲利了結還是停損，堅持按照戰略交易，才能提高勝率。

短線圖表和進場買賣點的設定（範例一）

（圖片來源：台灣工銀證券 — e快客）

宏碁60分鐘線 ➡ 2010年9月8日

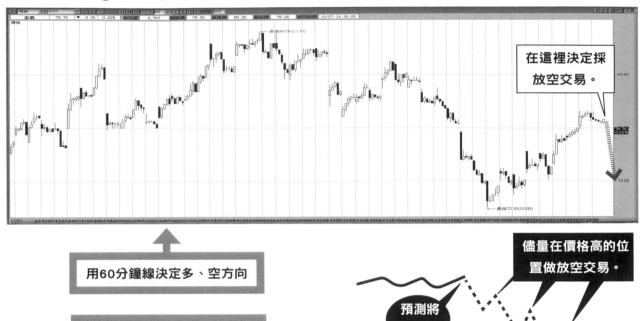

在這裡決定採放空交易。

用60分鐘線決定多、空方向

用10分鐘線決定進場、出場點

儘量在價格高的位置做放空交易。

預測將會下跌

宏碁10分鐘線 ➡ 2010年9月13日

通過5分、10分鐘圖表在上漲的時候進行放空的逆勢交易。此時，如果是採向下跌破進而順勢放空的戰法，就中圈套了。

問題時間點

短線圖表和進場買賣點的設定(範例二)

（圖片來源：台灣工銀證券 — e 快客）

東貝日線 ➡ 2010年10月6日

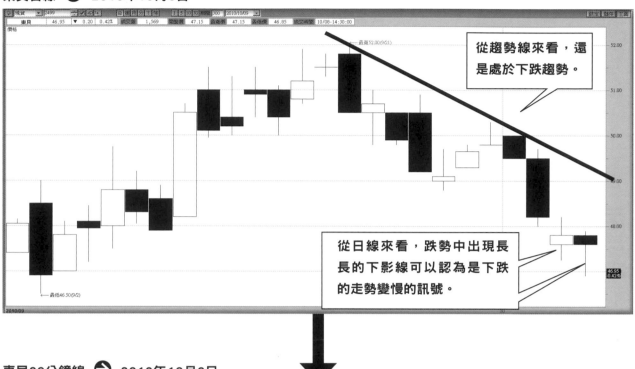

從趨勢線來看，還是處於下跌趨勢。

從日線來看，跌勢中出現長長的下影線可以認為是下跌的走勢變慢的訊號。

東貝60分鐘線 ➡ 2010年10月6日

下跌持續

說明 ⬆ 因為下跌趨勢還在繼續，可以判斷出「放空」是穩妥的。故應該使用上漲時，賣出，的逆勢交易手法。

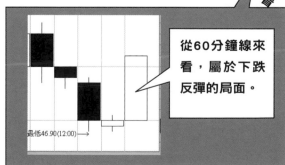

從60分鐘線來看，屬於下跌反彈的局面。

東貝5分鐘線 ➔ 2010年10月6日

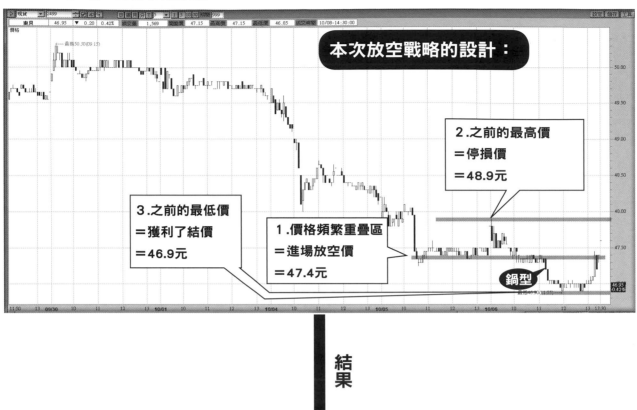

本次放空戰略的設計：

2.之前的最高價
＝停損價
＝48.9元

3.之前的最低價
＝獲利了結價
＝46.9元

1.價格頻繁重疊區
＝進場放空價
＝47.4元

鍋型

結果

東貝5分鐘線 ➔ 2010年10月8日

放空

買進

說明 ↑ 短線放線獲利祕訣：在通過分鐘K線圖尋找進場、出場、停損的三個價格時，要時刻想著
儘量在＂有機會可能達到的最高價時放空＂，在＂有機會可能達到的最低價時買進＂。

實戰範例
選擇可持續獲利的安全方法

想 要操作短線，一打開股價圖，哇！股價現在正在上漲，二話不說就「跟進」加入買進的一方……相對的，若發現走勢正在下跌，只要個股是可以放空的就加入賣的一方……以上是一般短線交易者的思維邏輯。

只通過很短的時間軸比方說即時走勢圖、5分鐘或10分鐘K線圖的價格變動挑戰極短線，「順著行情操作」也許仍有機會獲利，而且比率也不低，不過，若由總體結算的角度來看績效往往不佳，因為不顧慮日線、時線只看眼前行情就加入戰局，常會被大趨勢反撲。

比較建議的極短線交易方式是先把握日線、60分鐘線的方向性，確立買進還是賣出的戰略後，冷靜地觀察5分鐘K線圖。

如果確信應該以放空為戰略的話，在暴漲的瞬間應該不是買進，而是放空；相同的，如果確立以買進為戰略，若在暴漲的瞬間投資人手上並沒有多單，也就是並沒有持有任何多頭部位時，建議此時不要急切的加入戰局，因為這樣的短線往往討不到好處，若行情已經漲上來了，沒有買到的話要嘛就等待否則就放棄。如果在這時強行交易的話也有可能成功，但是就經驗來講，當短線行情頻創新高，之後下跌的情況很多。若不知道行情前後發展的過程，只憑著行情瞬間的價格變動就持有部位是非常

危險的，極容易被玩弄。

請記住對於細時間軸的行情，比起採取跟蹤行情方向的順勢戰略，還是瞄準價格反向喘息時候的逆勢戰略比較有效。

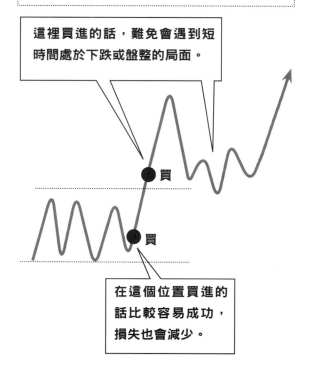

5分或10分鐘線圖中「逆勢」的交易手法比較容易成功。

這裡買進的話，難免會遇到短時間處於下跌或盤整的局面。

買

買

在這個位置買進的話比較容易成功，損失也會減少。

當重要經濟指標發表，行情趨勢明確時，這一招逆勢法就不可用了，應採順勢交易才可以！

別被螞蟻的時間搞得失去準頭

5分鐘K線圖常發生沒意義的暴跌和暴漲，投資人可以把它想成只不過是「螞蟻的時間」若誤認為抓住上漲持續的機會就能獲利，有可能只搶到極小差價連手續費都補不滿。不過，這種順勢交易的思維，對於看日線與６０分鐘線的投資人而言，其判斷方法是正確的，所以，並不是只要是短線就全部否定順勢交易，而應該以時間軸加以區分。換句話說，如果5分鐘K線圖和60分鐘線圖的方向性相反的話，對極短線者就是出手機會。

一般說來，短線比較不建議採取「突破價格、跟蹤趨勢」的交易方法。因為這可能會造成賺進的錢太少，且必然遇到頻頻停損，如此不知不覺的，就讓本金大量流失。

另外，一天內個股的價格變動持續在一個小範圍內盤整是家常便飯，一般短線交易者如果採取「向上突破關鍵價，買進；向下跌破關鍵價，放空」的戰略，可能價格才出現向上突破，不久就下跌到突破前的價位，此時常令人陷入兩難，到底要停損放棄呢？還是繼續等待呢？畢竟，行情向上突破壓力之後就持續強力的上漲，這樣的機會不是時時都有，就機率來講，大部份的行情還是處在緩慢的變動之中的，而短線交易最不能等的就是時間，若無法短期內獲利出場，要賺到錢並不容易。

短線持續生存＝持續獲勝

相信很多讀者都曾經在短線交易中跟蹤趨勢，但最後卻陷入圈套的經歷。最常遇到的是，以為行情將飆上去，但買進後不久就下跌了，所以，得到的結論是，這種價格突破法，若能「猜中」將取得大幅的收益，但是大幅損失的可能性也極高。如果新手模仿這種近似於賭博的手法，不要說大幅獲利，很可能在短期就被市場「秒殺」。

不過，短線交易不宜採用順勢交易的說法有一個例外，那就是當重要的經濟指標發表、美股或全球行情大幅波動，若勢頭很猛，而投資人又有把握捉得到，當然要順勢交易大賺一票了。但投資人對這件事也不要抱著太樂觀的想法，有時候看似「鐵漲」的新聞一點也不靈！

因此，比較起來，選擇一個可以大幅獲利但是也潛在大幅損失的方法，和選擇一個獲利幅度可能不大但是每天可以持續獲利的方法，後者是比較務實。

分鐘線進出場練習題

「高賣、低買」和「高買、低賣」的方法都不是錯誤的，但也都可能是錯誤的。

在什麼樣的情況下哪種方法是可取的？

請在自己的頭腦中做「場合劃分」，股價圖不可能重覆，但是熟記各種類型，可提高自己的經驗值，鍛鍊機敏應對的能力。

接下來有四個題目，做為短線交易者的練習。

實戰演練 1　根據分鐘線圖　找出 *進場點、出場點*

練習題 1

以進行幾分鐘到數小時程度的短線交易為前提，透過觀察日線、時線決定以「買進」或「放空」為主軸，再依分鐘線圖擬定進場點、出場點、停損點的價格。

台化 日線 ➔ 2010年 9月2日　　　　　　　（圖片來源：台灣工銀證券 — e快客）

台化60分鐘線 ➔ 2010年9月2日　　　　　　（圖片來源：台灣工銀證券 — e快客）

台化10分鐘線 ➔ 2010年9月2日　　　　　　（圖片來源：台灣工銀證券 — e快客）

實戰演練 1　根據分鐘線圖　找出 *進場點，出場點*

解答 **1**

買進

戰／略／擬／定	
進場價	71.5
出場價	72.9
停損價	71.0

台化60分鐘線 ➜ 2010年9月4日

（圖片來源：台灣工銀證券）

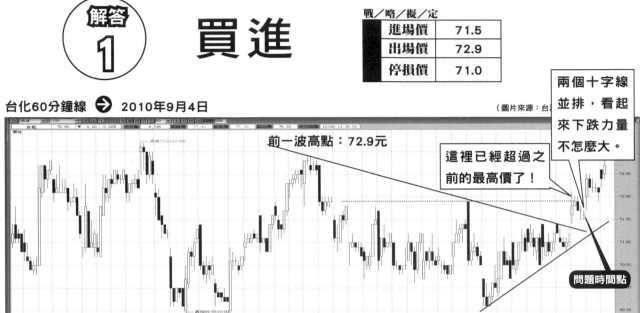

> 前一波高點：72.9元
>
> 這裡已經超過之前的最高價了！
>
> 兩個十字線並排，看起來下跌力量不怎麼大。
>
> 問題時間點

說明 ⬆ 從日線看沒有清楚的訊息是上漲或下跌。由60分鐘線來看，問題時間點是在強力突破下降趨勢向上衝的暫時回檔。兩根下跌的60分鐘十字線可以看出，雖然空方是勝了，可是多方反彈力道不弱，可以「賭」隔一天將有反彈行情可搶，故採「買進」操作。

台化10分鐘線 ➜ 2010年9月4日

（圖片來源：台灣工銀證券 — e快客）

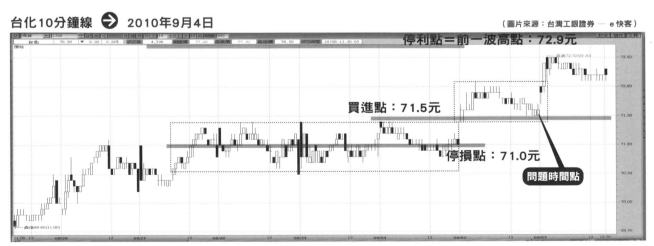

> 停利點＝前一波高點：72.9元
>
> 買進點：71.5元
>
> 停損點：71.0元
>
> 問題時間點

說明 ⬆ 從10分鐘線圖可以看出，問題時間點是在一個盤整區的低點，可以在這個地方買進，停損點可以設定在前一個價格頻繁重疊區的中間位置71.0元，而停利點則可以參考60分鐘線的前一波最高價72.9元。

實戰演練 2　根據分鐘線圖　找出 *進場點、出場點*

練習題 2

以進行幾分鐘到數小時程度的短線交易為前提，透過觀察日線、時線決定以「買進」或「放空」為主軸，再依分鐘線圖擬定進場點、出場點、停損點的價格。

日月光 日線 → 2010年 9月14日
（圖片來源：台灣工銀證券 — e快客）

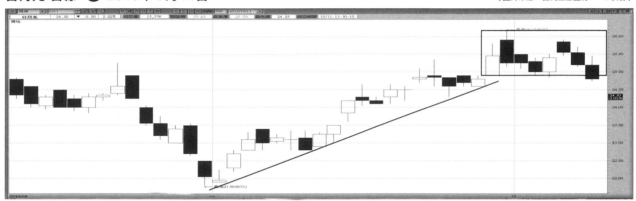

日月光 60分鐘線 → 2010年10月8日
（圖片來源：台灣工銀證券 — e快客）

日月光 5分鐘線 → 2010年10月8日
（圖片來源：台灣工銀證券 — e快客）

實戰演練 2 　根據分鐘線圖　找出 *進場點、出場點*

解答 2　**放空**

戰／略／擬／定	
進場價	24.8
出場價	-
停損價	25.4

日月光60分鐘線 ➜ 2010年10月11日　　　　　　　　　　（圖片來源：台灣工銀證券 — e快客）

問題時間點

說明 ⬆ 從日線看，行情在高檔盤整，10月8日，已經跌到盤整箱型的下方，應該採放空較合理。
所以，如果你的操作屬於比較長的短線操作，可以立刻放空，但若是屬於只做幾小時的
極短線操作，應該等等看反彈的機會，等反彈出現高點再行放空較有利。

日月光5分鐘線 ➜ 2010年10月11日　　　　　　　　　　（圖片來源：台灣工銀證券 — e快客）

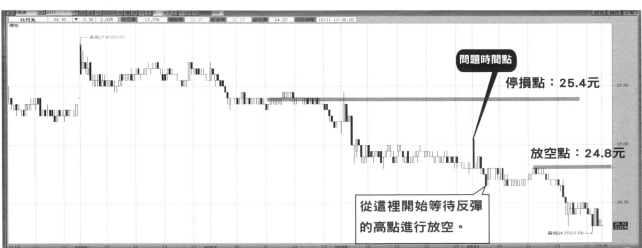

問題時間點

停損點：25.4元

放空點：24.8元

從這裡開始等待反彈
的高點進行放空。

說明 ⬆ 決定放空後，從5分鐘線來看並沒有什麼像樣的反彈，只能在下跌速度稍微變慢的相對高
點進行放空。

實戰演練 3　根據分鐘線圖　找出 *進場點、出場點*

練習題 3

以進行幾分鐘到數小時程度的短線交易為前提，透過觀察日線、時線決定以「買進」或「放空」為主軸，再依分鐘線圖擬定進場點、出場點、停損點的價格。

偉詮電 日線 ➜ 2010年10月4日　　　　　　　　　　　　（圖片來源：台灣工銀證券 — e快客）

偉詮電 60分鐘線 ➜ 2010年10月4日　　　　　　　　　　（圖片來源：台灣工銀證券 — e快客）

偉詮電 5分鐘線 ➜ 2010年10月4日　　　　　　　　　　　（圖片來源：台灣工銀證券 — e快客）

實戰演練 3　根據分鐘線圖　找出 *進場點、出場點*

解答 ③	放空	戰／略／擬／定	
		進場價	27.0
		出場價	26.0
		停損價	27.5

偉詮電 60分鐘線 → 2010年10月7日　　　　（圖片來源：台灣工銀證券 — e快客）

> 高價盤整後，暴跌。並一路跌破前一波最低價。

> 問題時間點

說明 ⬆ 從日線來看屬於上漲末端盤整之後，一根大黑棒是已經跌破橫向盤整支撐線的狀態。從60分鐘線來看，已經跌出29.1到28.3之間的盤整，出現急速下跌並連前一波的最低價也直接穿透，所以，毫無疑問是應該採放空。

偉詮電 5分鐘線 → 2010年10月7日　　　　（圖片來源：台灣工銀證券 — e快客）

> 問題時間點

> 停損點：27.5元

> 放空點：27.0元

> 行情有可能反彈挑戰這裡的高點，若無法越過，就表示反彈最多也就到這裡，開始下跌處就可以著手放空了。

> 停利點：26.0元

說明 ⬆ 從5分鐘來看處於急速下跌，這時千萬別出手，否則利潤非常少，應該等待反彈再行放空，而進場點則可以猜行情有可能反彈到靠近前一波高點，若無法越過而開始往下走時，就在這個地方出手，本例是27.0元，而停損點則可以捉前一波最高價(27.5元)。

- Cover Story

實戰演練 4　根據分鐘線圖　找出 *進場點、出場點*

練習題 4

以進行幾分鐘到數小時程度的短線交易為前提，透過觀察日線、時線決定以「買進」或「放空」為主軸，再依分鐘線圖擬定進場點、出場點、停損點的價格。

聯詠 日線 ➡ 2010年9月13日　　　　　　（圖片來源：台灣工銀證券 — e快客）

聯詠 60分鐘線 ➡ 2010年9月13日　　　　　（圖片來源：台灣工銀證券 — e快客）

聯詠 5分鐘線 ➡ 2010年9月13日　　　　　（圖片來源：台灣工銀證券 — e快客）

實戰演練 4　根據分鐘線圖　找出 *進場點、出場點*

解答 **4** 等待

戰／略／擬／定	
進場價	84.3
出場價	86.4
停損價	84.0

這裡是暴漲後呈現高檔三角盤整，應等待盤整「表態」再做進一步順勢操作——

買 或 賣

聯詠 60分鐘線 ➔ 2010年9月17日　　　　　　（圖片來源：台灣工銀證券 — e快客）

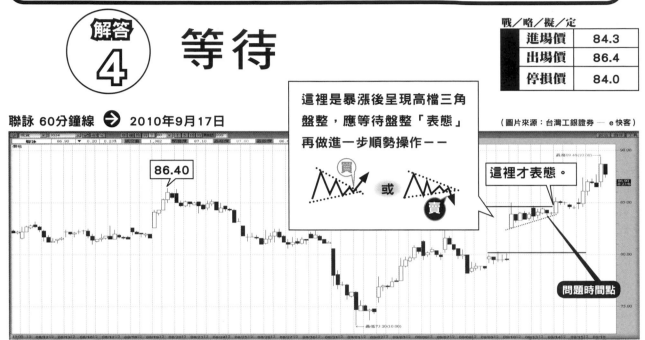

這裡才表態。

問題時間點

86.40

說明 從60分鐘線來看，它呈現高檔三角盤整的局面，在問題時間點暫時是看不出任何方向性的，所以，應該耐心等待行情表態，在幾小時之後，向上突破了盤整，決定了，要採取「買進」的策略，此時再進一步再分鐘線，決買進點。

聯詠 10分鐘線 ➔ 2010年9月16日　　　　　　（圖片來源：台灣工銀證券 — e快客）

問題時間點

停利點：60分鐘線的前一波高點86.40元

停損點：前一價格重疊區84元

趁價格衝太高回檔，且在這裡有前波高點價格帶，好像卡住跌不下去的感覺，可買進(84.3元)。

說明 從分鐘線看，在確立為買進的大紅棒出現後，分鐘線以小步小步下跌的方式，遇到這樣的情況，應該留意行情將在那裡止跌，就在止跌即將上漲的地方買進。停損點設在前一波價格反覆重疊區，停利點則參考60分鐘線圖前一波的最高價86.4。

Part 3

技術指標應用實務

總體歸納起來，
ＭＡＣＤ是極短線交易中應用上比較頻繁的技術指標，
不過，
它也只適用於小時線與日線上，
分線就不適合了。
保力加通道平常被認為「跑出通道外就可以逆向操作」，
但它應用在分線上卻剛好相反⋯⋯
以上是超過兩位達人的經驗談，
它們不一定正確，
但讀者可以多方驗證其好用度。
值得在此先說一下的是，
絕大部份的極短線高手都不認為ＲＳＩ與ＫＤ在這裡派得上用場。

技術指標超級比一比①

趨勢型v.s擺盪型

在 短線世界中戰鬥，除了在日線、時線、分線、趨勢線與價格帶這種「人腦」判斷法之外，還有用「統計數據」判斷的技術指標可運用。

漫談技術指標

技術指標的種類非常多，但畢竟指標並不是行情本身，若要看原汁原味的行情記錄，K線是應用最廣泛的，它完整的記錄了價格的開盤、收盤、最高與最低價，至於透過投資人自己「加工」出來的指標，像是移動平均線、趨勢線、MACD、保力加通道、RSI、KD等等，都是把既有的價格，透過統計的方法繪製成圖。這些技術指標大都行之有年，儘管有一派人士認為指標一點用也沒有，不過，這種說法就跟「XXX指標很神準」一樣，都是偏頗的說法，如同本書在開頭就強調的，投資交易必須對很多種狀況「場合畫分」，指標更是如此，在使用這些指標之前，有必要先把握不同指標的優點和缺點，重要的還要分辨在那種情況之下應該如何使用的問題。

技術指標可大分為趨勢型與擺盪型兩大類。「趨勢」顧名思義，就是指標可以顯示行情發展狀況；「擺盪」就像時鐘的鐘擺一樣，

當行情向一個方向移動過多就會回到相反的方向，是屬於逆勢指標，目的在顯示現在和之前價格相比行情屬於過高還是過低。此外，有些指標也兼備趨勢＋擺盪兩者的功能。

趨勢型指標優、缺點

趨勢線——

連接最高價、最低價以把握價格趨勢的輔助線。

優點：把握趨勢將繼續或發生轉變超級重要的工具。

缺點：無法預知趨勢將發展到何種程度；趨勢線只能透過「是否突破這條線」做為判斷；期間愈短越容易被欺騙。

移動平均線——

連接一定期間內價格變動平均值的線，現在價格與均線的關係可瞭解趨勢和行情現狀。

優點：葛蘭碧（Granville）法則（見股票超入門①技術分析）所歸內出的葛蘭碧八法是移動平均線的應用，實用性很高；對中長期投資者而言，100日，200日移動平均線值得參考；移動平均線對趨勢的標示，可借此判斷行情基本為上漲還是下跌；5分鐘K線圖中相對於5分鐘移動平均線的行情高低，在判斷短期

趨勢的方向性也有效。

缺點：均線的黃金、死亡交叉信號出現慢，常趕不上趨勢轉換；均線只是平均值，是「虛構」的價格，也是缺點所在，故幾乎無法採用均線作為買賣點。

擺盪型指標優、缺點

顯示「買超」與「賣超」的擺盪系指標通常作為逆勢指標使用(但保力加通道以及MACD也可以作為跟蹤趨勢的順勢指標使用)。擺盪指標除了一般的用法外，也可以透過行情與指標的「離散(Divergence)」(行情持續在上漲但指標在下跌)與「聚合(Convergence)」(行情持續在下跌但指標在上漲)判斷趨勢是否轉換和行情是否過熱的程度。

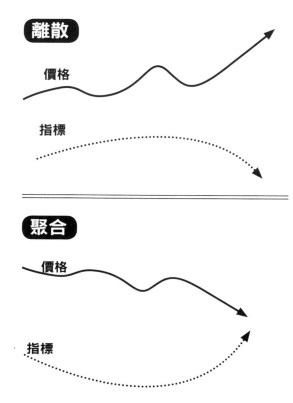

保力加通道(Bollinger bands)——

利用統計學的方法觀察行情分布的工具。

優點：短時間軸保力加通道的＋2ρ、－2ρ線在窄通道突然變寬後，按照這個方向性的順勢手法在短線交易中容易成功。

缺點：一般股票書對保力加通道的使用方法都建議，當行情接近＋2ρ、－2ρ時應該逆勢交易（碰到＋2ρ要放空；碰到－2ρ要做多），但就經驗上來看，這種判讀法中長期交易適用，在但短時間軸上使用時因為行情波動勢頭較強，故採順勢交易（碰到＋2ρ要繼續看多；碰到－2ρ要繼續看空）較合理。

MACD——

利用長期和短期的指數平滑移動平均線（EMA)之間的價格幅度做為指標依據。當短期的EMA處於長期EMA之上＝上升趨勢時，從圖上來看，線圖處於０軸之上；相反的，若短期的EMA處於長期EMA之下＝下跌趨勢，從圖上來看，線圖處於０軸之下。

優點：日線或周線MACD和信號線的黃金交叉、死亡交叉在判斷趨勢轉換上有相當的參考意義，也就是對中長投資中準度不差。可以說MACD位於０軸之上就是「上升趨勢持續」，位於０軸以下就是「下跌趨勢持續」，和０軸相交的話就是「趨勢轉換」，而且這種判別方法在短線交易中仍是可以使用的。

缺點：MACD和信號線交叉，當兩者糾纏在一起時幾乎不能作為買賣判斷。但在5分鐘以及60分鐘線圖中，「糾纏」經常發生，因此常常遇到MACD幾乎不能使用的窘境。

技術指標超級比一比②
極短線適合的v.s極短線不適合的

交易取勝的秘訣是,能夠正確判斷趨勢,不管是中長期還是短線,能夠找出各自時間軸的趨勢就是股票獲利的秘訣。但是,有關趨勢的陷阱很多。

跟蹤趨勢操作也有陷阱

就像在前面所描述的那樣,從日k線圖、60分鐘k線圖、5分鐘K線圖不同的時間軸所捉到的趨勢是不同的,另外,即使趨勢判斷正確,但出現損失也很常見 ,例如,評估為上漲趨勢,心想可以在趨勢線稍微下面一點的位置設定停損,但可能趨勢是看對了,執行上卻是頻頻停損,而無法順著趨勢而獲利。結算下來看對趨勢賺的錢還不及停損所失去的本金。

那麼,是不是不做停損任憑行情上下波動比較好呢?

如果「猜趨勢」的功力完全命中的話就好,若趨勢看錯,損失必然更大⋯⋯這真是投資人天天都在面對的難處啊!

為了解決這個難題,適度利用技術指標加強判斷是很合理的。

一般用來評估「趨勢走完了沒有」的方法像是黃金比率(0.618、0.382)或是艾略特的波浪理論、或用KD、RSI這種擺盪指標放在日線、周線上評估趨勢走完了沒有,都很常見。技術指標在評估「趨勢結束瞬間」就中長期投資而言,雖然不能百發百中,但六、七成的準度也算是給投資人一個參考的根據。

適合極短線的技術指標

其實,在投資的世界中也沒有必要強調完全正確,「在黑暗中摸索著不確定的未來」幾乎就是投資的本質。從這個角度來看,能夠因投資而大幅獲勝的人,肯定是不害怕黑暗有勇氣的人。

但這裡要強調,如果把指標放在小時線或分線上做參考,前面講的KD、RSI這種擺盪型的指標並不建議(當然,這僅是編輯採訪多位短線達人共同的經驗建議,結論不一定絕對正確,也許有投資人另有改良版的方式可以運用這些指標)理由是這種簡單型的擺盪指標訊號的出現太過頻繁,而使指標形同虛設沒有參考價值。

那麼,什麼指標比較適合極短線呢?

接下來我們將推薦三種技術指標,包括一個不怎麼算是技術指標的行情波動幅度、保加力通道與MACD。

極短線適用指標推薦①
行情波動幅度

行情波動幅度不能說是技術指標，但是能在極短線中有所獲利者卻都是精妙的掌握行情波動幅度者。白話一點說，能掌握不同股票(或期貨、指數道理都是一樣的)一天之間的行情震動幅度是多少，直接關係到交易者有沒有辦法賺到差價。如果無法預測行情震幅，只是單純的預測上漲還是下跌，事實上意義不大。

計算行情波動幅度

行情波動幅度如何計算呢？

每一天行情最高價減去行情最低價就是「行情波動幅度」。舉例來說，如果要計算最近一個月聯發科平均的「行情波動幅度」只要把每一天的最高與最低價差計算後相加，再除以天數就對了。

波動幅度的計算方式十分簡單，一般券商所提供的看盤軟體在K線圖附近大都可以找到一個小小的「EXCEL」軟體Logo，只要選取你想計算的時間段，如次頁步驟即可算出某段時間的行情波動幅度。

例如2010年9月16日到10月14日聯發科20個交易日的平均每日行情波動為10.9元。波動幅度最大的是9月24日與10月1日，當天的震幅高達18.5元；波動幅度最小的是9月21日，當天的震幅是0元。

在所設定的交易期間內，股市並沒有什麼重大的新聞，因此，當行情在接近或超過平均震幅(本例是10.9元)時，投資人就可以選擇採「逆勢交易」的方式操作，例如，2010年10月15日一早開盤聯發科就衝上402.5元，但9點05元隨即掉到393元，兩者相差9.5元，行情走到這裡，短時間內反彈機會相當大，因為過去一個月的平均震幅才10.9元，逆勢在這裡買進，可以賺到差價的機率高。但前題要是沒有特殊的重大新聞，如此就能推斷，行情在超過平均震幅後向平均震幅範圍內變動的機率很高，如此，瞄準價格變動達到高峰的瞬間，進行逆勢交易獲利機會大。

另外，如果遇到足以影響整體大環境的利多或利空（像是金融海嘯或是希臘債信事件），行情波較當然會比較高，此時，投資人可以採取順勢操作，只要做對方向就能獲得很豐厚的利潤，但相對的若做錯方向，損失的風險也會增加，因此，在波動幅度很大的時候，應該嚴格的設定停損點。

以2010年元月份為例，聯發科當月平均每日價格波動高達14.95，比2009年平均的11.6元高出許多（因受到希臘債信拖累，全球擔心二次經濟衰退），當時就適合順勢放空採極短線交易。

運用excel計算平均行情波動幅度

（圖片來源：台灣工銀證券 — e快客）

步驟 1 從技術分析線的k線圖可以找到excel的軟體Logo，點開後，會跑出記錄交易的數字檔。

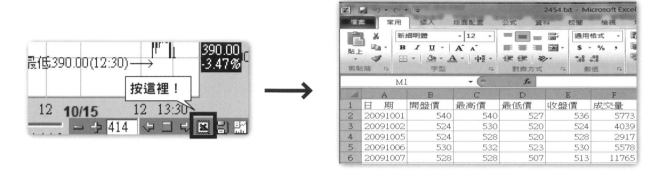

步驟 2 只保留最高價、最低價，再用excel的計算方式，把最高價減去最低價，再除以天數即可。

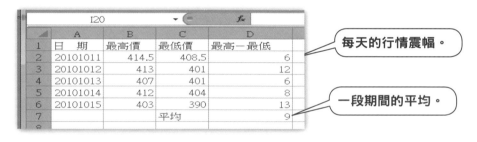

每天的行情震幅。

一段期間的平均。

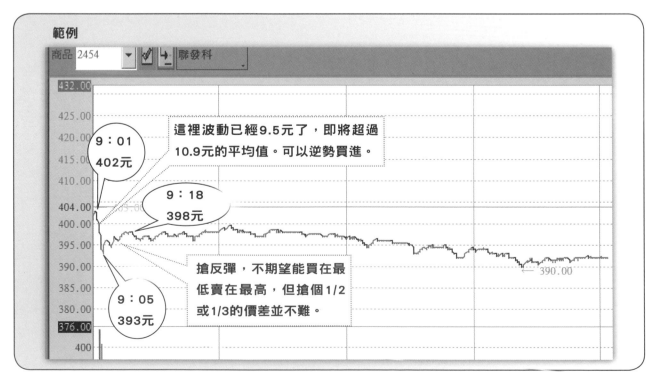

範例

這裡波動已經9.5元了，即將超過10.9元的平均值。可以逆勢買進。

搶反彈，不期望能買在最低賣在最高，但搶個1/2或1/3的價差並不難。

· **Cover Story**

極短線適用指標推薦②
保力加通道

保力加通道是表示價格變動有多激烈的價格波動指標。它的繪製原理來自統計學，簡單來說，它認為行情的變動比例有98%的機率會收縮在幅度（band）＋－2ρ之內，有68%的機率能收縮在＋－1ρ的範圍內，而中間的線，就是行情的移動平均線（保加力通道的設計原理，請參考「投資達人01 出現了這樣的圖形，接下來要賣？要賣？」）。

通道寬窄代表行情的急緩

一般在觀察行情時，可以把保力加通道放在k線之內，好處是可以透過通道寬窄，把握價格現狀波動的高低。當行情來到通道的＋－2ρ時，就統計學上來看表示當時價格變動大，也可以說是行情瘋狂發展的時候。

而當通道的幅度變小，則代表著行情沒有大的變動，始終保持在小幅變動。

盯住短時間軸的盤面，對極短線交易而言，本來小幅推移的通道突然擴大的時候是進場的好時機。從統計學上來說價格變動有98%的機率在保力加通道內變動，但是通道變大的時候表示行情正朝單邊強力猛攻，極短線順勢交易的獲勝機率比較高；相反的，當大通道向收縮的方向發展時，可以判斷行情趨於風平浪靜，對極短線者空手是最好的選擇，或者採取逆勢交易也可以。但極短線交易比較不建議投資人採用保力加通道做為逆勢（即上漲到＋2ρ時賣出，下跌到－2ρ時買進）交易。

當通道變寬時，順勢操作

實戰上，當保力加通道在5分鐘k線圖從窄突然變寬時，採用順勢操作最有效。也就是說，行情打破盤整只向單方向發展時，才將保力加通道當做買賣判斷基準。除了這種情況之外，保力加通道也可搭配其他指標或判別方法，用於判斷從短期來看行情是屬於狂風暴雨？還是風平浪靜？事實上，就連指標的原始發明人John Bollinger先生也說，這項指標的本意在於發現行情的方向性，並透過觀察它的收縮、擴大以判斷趨勢的強弱以及價格是否過度發展。

「價格波動高＝保力加通道幅度大」時，逆勢的交易是不可取的。應該順著行情的發展進行順勢的交易。

「價格波動低＝保力加通道幅度小」，逆勢交易是可行的。

極短線的交易保力加通道雖然無法決定買賣戰略，但是用於判斷行情現狀時卻是不可缺少的技術指標。

保力加通道的使用方法

（圖片來源：台灣工銀證券 — e 快客）

極短線者將保力加通道當成逆勢指標很容易造成失誤！正確應該只應用在把握行情狀況。

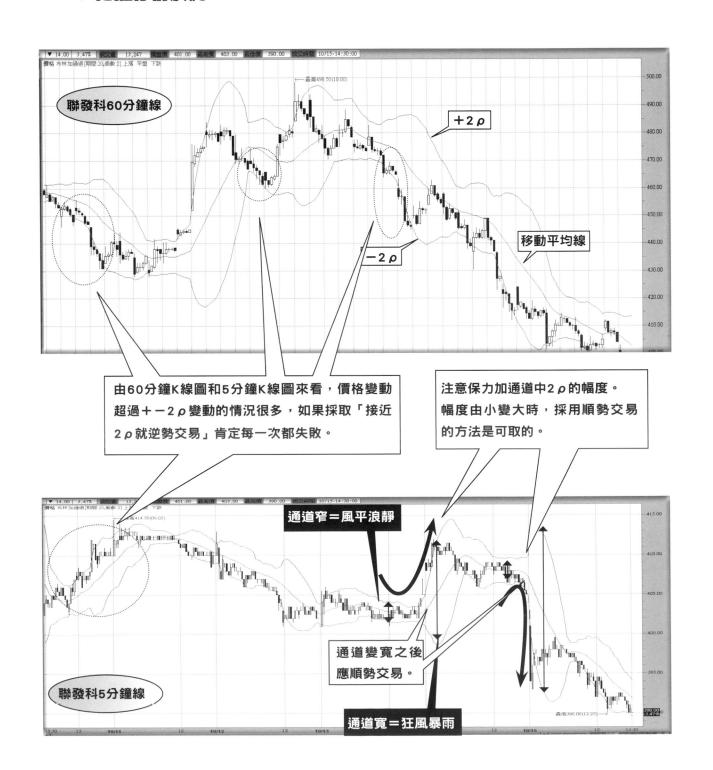

聯發科60分鐘線

$+2\rho$

移動平均線

-2ρ

由60分鐘K線圖和5分鐘K線圖來看，價格變動超過＋－2ρ變動的情況很多，如果採取「接近2ρ就逆勢交易」肯定每一次都失敗。

注意保力加通道中2ρ的幅度。幅度由小變大時，採用順勢交易的方法是可取的。

通道窄＝風平浪靜

通道變寬之後應順勢交易。

聯發科5分鐘線

通道寬＝狂風暴雨

極短線適用指標推薦③

MACD

MACD用很白話的文字翻譯可以稱它為「聚合和離散的移動平均線」，但這裡的移動平均線並非大家慣用的簡單移動平均線(SMA)而是平滑指數移動平均線(EMA)。

另外，一般慣稱的MACD技術指標其實主要是兩條線，一條是MACD，另一條是MACD的移動平均線，一般也稱為訊號線，MACD與其訊號線兩者的黃金交义與死亡交义可以做為行情的趨勢轉折信號。

MACD的繪製

先說MACD怎麼被畫出來的。MACD是採用EMA的短期線和長期線兩者的差距畫出來的。當短期EMA大於長期EMA時，減下來的數字就是正的，所以畫出來的MACD就大於零，當MACD在0軸以上運行時就是行情正處於上漲趨勢；MACD在0軸之下就是下跌趨勢。

更進一步說，當MACD處於上漲持續的狀態時，就代表和EMA的長期線相比短期線的上升速度比較快，也就是上漲處於加速的狀態，那時的MACD處於強勢右方上漲趨勢；相反的，即使行情本身處於上漲趨勢，但只要上漲力道不足時，長期線和短期線的幅度收縮的話，MACD就會轉入下跌。

請注意，MACD與其他的擺盪指標不同，它並不是以百分比形式進行指數化，而是由長期EMA的行情減去短期EMA而得出的數字。不同的個股、不同的時間軸，投資人有必要知道MACD的值在多大的價差（或者數字在多少的時候）比較有可能發生價格變化。

MACD簡易的判斷法

投資人不管是看MA(移動平均線)或EMA(平滑指數移動平均線)，當短期線和長期線同時向右方上漲，就會被判斷為行情還會持續上漲。但是，若從MACD這項指標來看，因為可以看到均線的短期線和長期線兩者差距的「幅度」，當上漲緩慢的話短期線和長期線之間的幅度將變窄，處於0軸之上的話也會因此轉入下跌。而當行情的上漲趨勢趨緩，不久MACD就將與自身的移動平均線（信號線）相交，這就是透過MACD和自身移動平均線出現死亡交叉，即可以提早判斷「趨勢轉換」的依據。

這樣看來，這項指標是相當有智慧的設計，但是，MACD也有弱點。

MACD的弱點

MACD的組成

圖片來源：google 財經

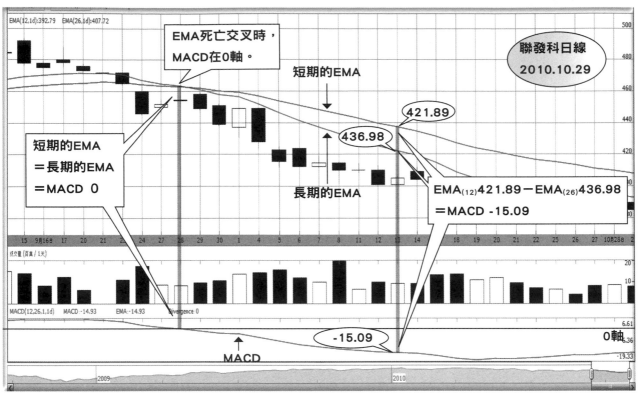

EMA死亡交叉時，
MACD在0軸。

短期的EMA

聯發科日線
2010.10.29

421.89

436.98

短期的EMA
＝長期的EMA
＝MACD 0

長期的EMA

EMA(12)421.89－EMA(26)436.98
＝MACD -15.09

-15.09

MACD

0軸

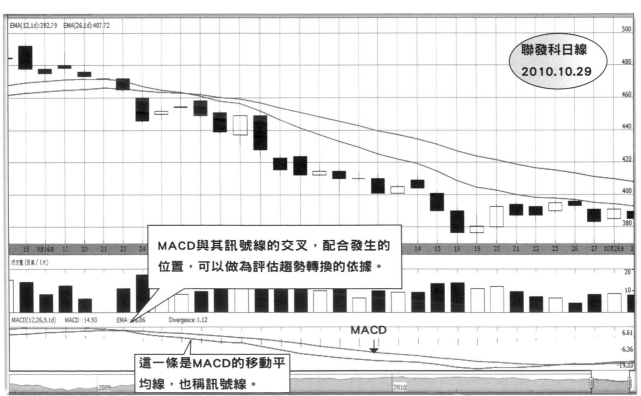

聯發科日線
2010.10.29

MACD與其訊號線的交叉，配合發生的
位置，可以做為評估趨勢轉換的依據。

MACD

這一條是MACD的移動平
均線，也稱訊號線。

當行情處於不規則的上下波動時，MACD和信號線的相交就不明顯，而出現糾結的情況，如此指標就派不上用場了。而這種現象在短時間軸上必然頻頻出現，例如5分、10分鐘K線圖上指標糾結就會頻繁發生。

利用日線圖、周線圖進行數周到數月程度的中長期投資，MACD是很好的技術指標，但是，極短線就不能按照指標交叉簡單的進出。但觀察MACD運行的方向以及和０軸的關係，仍可以推算出「趨勢的方向性和趨勢的強弱」。

標的不同，MACD有效數據不同

以60分鐘線圖中MACD的黃金交叉和死亡交叉為例，大部分情況下這兩條線的交叉都沒有意義。但是在以下情況中，卻是信賴度不低的指標。

第一，位於遠離０軸之下很遠的黃金交叉（可視為大底圈）；第二，位於遠離０軸之上很遠的死亡交叉（可視為高價圈）。

次頁舉了兩檔股票的60分鐘K線圖，分別是聯發科與華碩，雖然無法很正確的下出這樣的定論，但虛線框起的部分是MACD和信號線交叉的位置，以聯發科為例，有效的買賣訊號是參數設在EMA13（短期線）與EMA26（長期線）正負10元偏離的地方。但以華碩為例，其買賣訊號是在1元偏離的地方，也就是華碩60分鐘MACD處在1元出現死亡交叉，行情下跌的機率很高，在－1元出現黃金交叉，行情上漲的機率很高。

當然，MACD在什麼位置交叉將出現行情逆轉並沒有什麼嚴格的法則。因著不同標的有效數字不同，投資人可以觀察交易標的的歷史數據進行歸納。

MACD買賣判斷的標準			
	買進	賣出	不能使用
MACD和信號線交叉	在行情有相當程度的下跌後上漲，等底價圈出現黃金交叉。	在行情有相當程度的上漲後下跌，等高價圈出現死亡交叉。	緩慢的上漲下跌以及盤整行情時，完全不能使用。
MACD的傾向	右方上漲時。	右方下跌時。	橫盤時。
MACD處於０軸之上？還是之下？	位於０軸之上，０軸被從下往上突破時。	位於０軸之下，０軸被從上往下突破時。	MACD和０軸距離過遠時。

MACD 極短線的應用訣竅

（圖片來源：台灣工銀證券 — e快客）

注意 MACD和信號線的交叉能成為有效訊號的先決條件，是交叉的位置發生在高價圈或低價圈。

範例一：聯發科60分鐘線

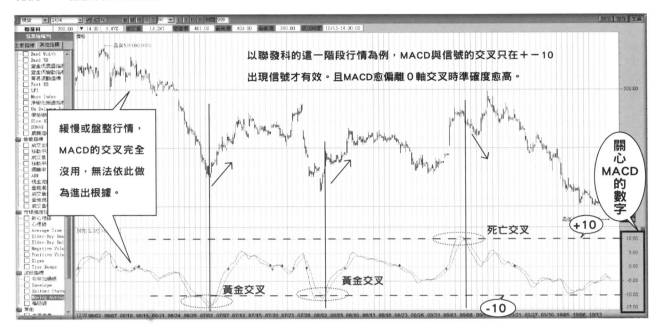

以聯發科的這一階段行情為例，MACD與信號的交叉只在＋－10出現信號才有效。且MACD愈偏離0軸交叉時準確度愈高。

緩慢或盤整行情，MACD的交叉完全沒用，無法依此做為進出根據。

死亡交叉

黃金交叉　黃金交叉

關心MACD的數字

+10

-10

範例二：華碩60分鐘線

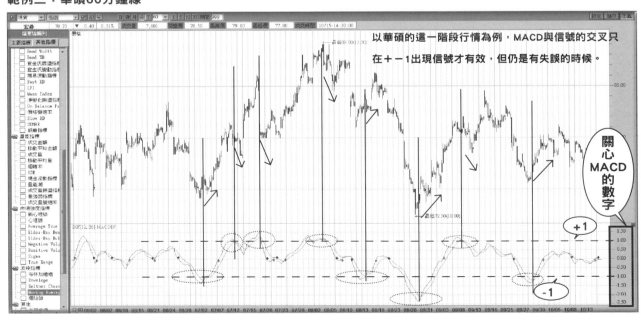

以華碩的這一階段行情為例，MACD與信號的交叉只在＋－1出現信號才有效，但仍是有失誤的時候。

關心MACD的數字

+1

-1

實戰範例

留意60分鐘線上的MACD

這一節要傳遞一個純屬經驗總結的歸納，在編輯部的採訪整理後，短線達人對於趨勢轉換這項議題，一般認為相較於常用的指標工具，MACD是最早反應趨勢即將逆轉的，接著是趨勢線，而最慢的是移動平均線的交叉(包括黃金與死亡交叉)。

而另一項極短線交易的總歸納是：按照日線、60分鐘線中顯示的行情確立買或賣，這裡採取原則是順向交易→接著看5分鐘或10分鐘線圖進出，當出現與60分鐘線發生相反方向變動時，以逆勢的方式交易。

更詳細的解釋就是：在5分鐘K線圖朝著與大趨勢相反的方向變動後，等到行情再次出現「趨勢轉換」時，瞄準與大趨勢同樣方向發展的瞬間進場交易。

一般熟手建議新人有關極短線交易的方法，常會籠統的表達：趁著上升趨勢「出現一時下跌時」買進；趁著下降趨勢「暫時回檔」時放空。這與本書所談的道理完全相同，只是這裡更具體的根據一些可能的情況做出整理。總之在實戰交易中，如果60分鐘線圖顯示趨勢持續，在5分鐘K線圖出現與之不同的趨勢，但不久後又開始轉向與大趨勢相同的走勢時，這一個點就是合宜的進場點。

以上的說明讀者不難理解，但儘管「十分理解」若所認為的「趨勢」並沒有正確的掌握或認為趨勢將轉換，但實際上並沒有轉換，結果仍無法有效的獲利，不過，若能把握住上述日、時、分線的交易原則，即使因為趨勢沒有捉到而必需停損出場，因為投資人已經儘量做到買在低價、賣在高價，即使失敗的話也能把損失降到最低。

相反的，若投資人採用「突破最高價，買」也就是瞄準趨勢加速的瞬間進行交易的話，那麼，當趨勢掌握正確，是可以大幅獲利的，不過若沒有「猜」對的話，因為是在更高價買（或更低價放空），如此損失也會增大。

由此看，能夠正確的判斷「趨勢將持續」或「趨勢將轉換」，就變成非常關鍵的一項技術了。有關「趨勢」的技術指標，最常見的有三種，包括畫趨勢線看看行情有沒有打破趨勢線的上方或下方、從移動平均線的黃金交叉、死亡交叉和MACD三種。

前兩種指標只有在趨勢轉換確定時才會出現，也就是說，趨勢線與移動平均只在行情已經從谷底上漲，或行情已經從山頂下跌時，買賣信號才會出現。從這點來看，MACD是比較早通知趨勢轉換的指標。

次頁我們做了一個簡單的比較，均線採常用的5日(周線)、20日(月線)，MACD採常用的13，26，9)的參數、比較趨勢線、移動平均

線和MACD等3個技術指標是怎樣給出趨勢轉換信號的。以範例一台塑的日線圖看，首先是MACD交叉，之後是趨勢線被由下而上突破，最後才是移動平均線的交叉。

當行情發展很急速時，可能會發生MACD的交叉和趨勢線的突破同時發生。但是MACD的交叉比其他兩個指標早出現的原則，從指數計算的構造上來說，幾乎不會改變。MACD可以比較早顯示趨勢轉換，這也是它被應用在短線交易中最大魅力的所在。

總合本節內容，接下有四個練習題，做為讀者的實戰演練。所附答案僅為參考。

趨勢轉換和技術指標

（圖片來源：台灣工銀證券 — e 快客）

MACD > 趨勢線 > 移動平均線

範例一：台塑日線

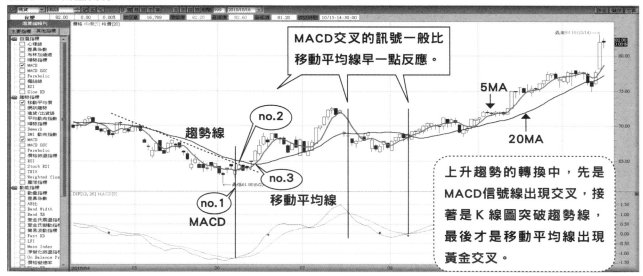

範例二：台積電日線

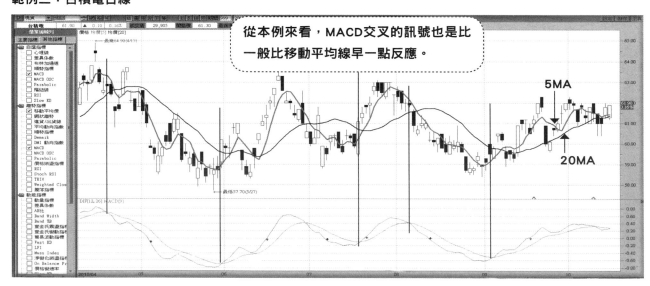

實戰演練 1 　根據分鐘線圖　找出 *進場點、出場點*

練習題 1

以進行數小時程度的短線交易為前提，考慮「買進」「賣出」並規劃進場點、出場點、停損點價格。

台肥 日線 ➡ 2010年10月6日

（圖片來源：台灣工銀證券 — e快客）

◀ 日線看起來是強力上漲，但連三個交易日收陽線，最後一天的長黑棒似乎是想早早落袋為安者的傑作。

台肥 60分鐘線 ➡ 2010年10月6日

（圖片來源：台灣工銀證券 — e快客）

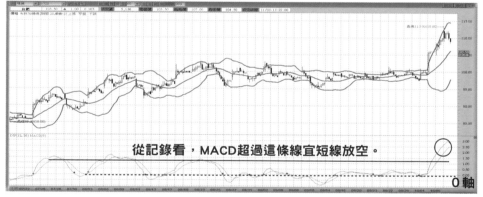

從記錄看，MACD超過這條線宜短線放空。

O軸

◀ MACD指標很明顯應該站在「放空」的立場，只是看起來上漲的動能並沒有消失，所以，只能以極短線放空的策略為宜。

台肥 5分鐘線 ➡ 2010年10月6日

（圖片來源：台灣工銀證券 — e快客）

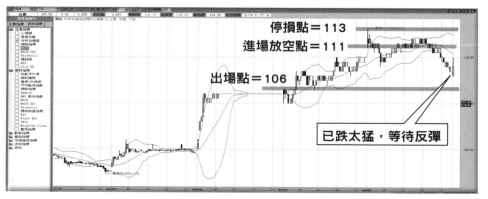

停損點＝113
進場放空點＝111
出場點＝106

已跌太猛，等待反彈

◀ 放空點設在密集成交的價格帶111元，若行情超過最高點113元就停損，停利則設在強力上漲後的第一波最低價106元。

實戰演練 1　根據分鐘線圖　找出 *進場點、出場點*

解答 1　放空

台肥 60分鐘線 ➡ 2010年10月8日　　　　　　　　　　　　（圖片來源：台灣工銀證券 — e 快客）

說明 ⬆　評估短線宜「放空」，但若順著價格已經下跌的勢頭放空，在短線上並不容易出現滿意的獲利，寧可等待投資人因過度賣出而出現反彈的瞬間讓放空價位在高一點的地方，讀者或者會懷疑，那萬一並沒有出現反彈呢？達人的經驗是：那就別勉強交易。

台肥 5分鐘線 ➡ 2010年10月8日　　　　　　　　　　　　（圖片來源：台灣工銀證券 — e 快客）

說明 ⬆　短線交易從5分鐘、10分鐘這種短時間軸，通常採用逆勢交易的方式，MACD在5分鐘是不必看的，但保力加通道還是很有效，本例行情跳上移動平均線，也大約是用趨勢線價格帶算出來的放空點。

實戰演練 2　根據分鐘線圖　找出 *進場點、出場點*

練習題 2

以進行數小時程度的短線交易為前提，考慮「買進」「賣出」並規劃進場點、出場點、停損點價格。

台達電 日線 ➡ 2010年10月13日

（圖片來源：台灣工銀證券 — e快客）

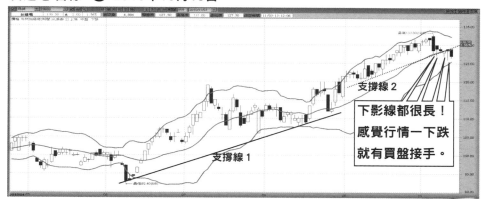

⬅ 日線看起來仍是多頭格局，但近期已出現高檔橫向整理，在這個地方要長期持有的話有一定的危險性。

台達電 60分鐘線 ➡ 2010年10月13日

（圖片來源：台灣工銀證券 — e快客）

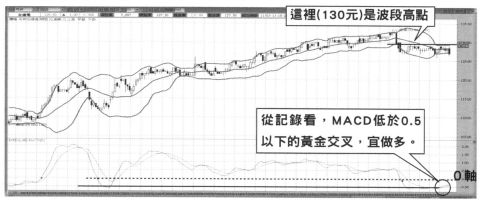

⬅ MACD指標顯示短線宜「買進」。從近日k線下影線很長看，也是低價出現時就是短線買點的判斷。

台達電 5分鐘線 ➡ 2010年10月13日

（圖片來源：台灣工銀證券 — e快客）

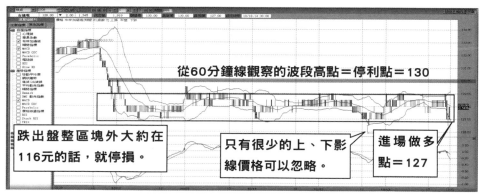

⬅ 判斷為買進，在盤整區的底部相對低點處就是買進點，本例在127元買進。

實戰演練 2　根據分鐘線圖　找出 *進場點、出場點*

解答 ② 買進

台達電 60分鐘線 ➜ 2010年10月18日　　　　　　（圖片來源：台灣工銀證券 — e快客）

説明 ⬆　短線交易MACD與保力加通道是很好用的指標，新手若對自己看趨勢的功力不那麼有自信，多仰賴技術指標，在非常有信心的情況下才進場，失手率將降低很多，但要記住，短線者參考保加通道一定不會是逆勢操作類型，而是順向操作。

台達電 5分鐘線 ➜ 2010年10月18日　　　　　　（圖片來源：台灣工銀證券 — e快客）

説明 ⬆　從5分鐘、10分鐘這種短時間軸來看，不建議用「打破趨勢，跟進」的順勢邏輯，再強調一次，5分、10分鐘的線圖只是螞蟻的時間，它很容易沒有邏輯的亂跑，投資人一定要掌握住日線、60分鐘線的方向。

長期與中期投資

若說極短線交易是碟小菜，
長期投資與以數個月為周期的中期投資就是主菜。
不要小看中長期投資那種很單純的交易方法，
幾乎短線達人們都一致推薦，
儘管因為喜歡「做股票」而無法不短線進出，
但對資產積累貢獻度最高的還是中長期的投資。

投資類型①

長 期 投 資

即使是採取極短線的當沖交易，投資人也不是要買(賣)的當下就是最佳時機，依此類推，以長期投資為目的交易，「選時機」這件事就更重要了。用比較極端的說法，長期投資既無關道理也不需要技術指標，而是因著投資者所進場的「時間點」分出天堂和地獄。

如果手頭有未來10年不會用到的閒錢，那麼瞄準每年都能配很高現金股息的個股，趁價格低檔買進，總能大幅獲利。但這種進場時機並不常常有，等上三年五年也不一定會出現，但卻是最有效的長期投資法。選股方法也只看月線，且最好有超過20年的參考數據。

長期投資選股範例

（圖片來源：台灣工銀證券 — e 快客）

台塑1993～2010

35元以下的台塑，要賠很難！

中鋼1993～2010

15元以下的中鋼，要賠很難！

台積電1993～2010

50元以下的台積電，要賠很難！

投資類型②

中期投資

期投資的訣竅是等待行情的大底部出現時買進,而以數個月為目標的中期投資該掌握什麼訣竅呢?達人們大都認為中期交易能夠持續不斷獲益,「減少買賣次數」是訣竅所在。

投資就是硬幣正反面的關係,獲利機會增加必然等於損失機會增加。

讀者可別誤會只要採取短線交易→風險就會減少→損失就會減少。小幅度的損失,因為頻繁交易,長期積累就會成為大的損失。短線交易者受制於人性「我想大幅獲利,但是不想損失」的心理,與中、長期投資相比獲利其實更加困難。實際上在訪問多位短線達人中,幾乎每一位都同時持有比例不低的中、長期投資部位,且獲利中有相當高比例是中、長期投資中不慌不忙積累出來的。

操作中期投資的獲利訣竅

以幾個月為目標的中期投資,投資者必需允許一開始可能出現小幅的損失,另外,也要把停損點設在比較寬裕的位置,和短線相比,中期投資的方法是「儘量減少買賣次數」,換句話說:先明確劃分一年中可以進場操作的時期和不能進場操作的時期。

也就是透過日、周K線圖表確認行情趨勢

轉換後才持有部位,而等到下次行情趨勢轉換點來臨之前,不管中間發生什麼變化都持續持有部位,也就是耐心的等待,只對自己有利的時候才出手。

中期投資一年約2～3次機會

中期投資者會耗掉很多時間觀察「什麼時候出手」而不急於交易,但是,中期投資又不像長期投資那樣不等個5年10年就沒有機會。一般說來,等待幾個月必然能找到出手的機會,換算起來一年大約只做2～3次交易。同樣得花時間等待,但比長期投資它的機會較多,另外,中期交易利用MACD也很容易準確,雖然沒有長期投資那麼簡單,但是行情一般在數個月中總會出現趨勢轉換。

中期投資者對趨勢轉換的捕捉比短線交易更加重要。但沒必要像短線交易那樣準確,只要在感覺到「趨勢似乎要轉換」,逐漸增加持有部位,接著在趨勢轉換變得很明確之後,牢牢的持有部位,這種操作就很理想了。

適合用為中期投資的技術指標有:價格向上突破壓力趨勢線(向下跌破支撐)、MACD信號線交叉、W底(或M頭)、頭肩底(或頭肩底)、三重底(或三重頭)等等圖表類型;另外,還有行情跌破或漲過重要移動平均線(如

中期投資－－利用周線圖＋趨勢線

（圖片來源：台灣工銀證券 — e 快客）

中期投資的機會一年有幾次。請注意趨勢線以及MACD的交叉

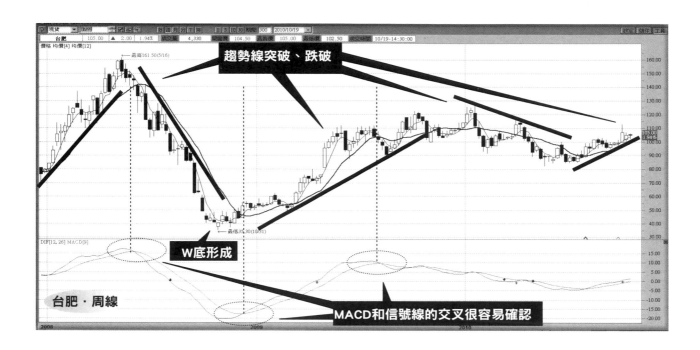

趨勢線突破、跌破

W底形成

MACD和信號線的交叉很容易確認

台肥‧周線

中期投資－－利用日線圖＋移動平均線

（圖片來源：台灣工銀證券 — e 快客）

中期投資也可以看日K圖的MACD與100日、200日移動平均線。

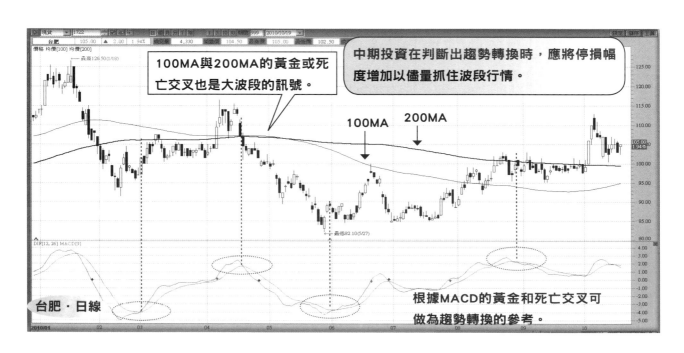

100MA與200MA的黃金或死亡交叉也是大波段的訊號。

中期投資在判斷出趨勢轉換時，應將停損幅度增加以儘量抓住波段行情。

100MA   200MA

根據MACD的黃金和死亡交叉可做為趨勢轉換的參考。

台肥‧日線

100日、200日)以及移動平均線的黃金交叉‧死亡交叉也是。

從本文的範例圖可知,中期的波段操作,一般3、4個月會有一次交易,仔細觀察會發現,尤其是平常波動不大的大型股票,總會繞著「盤整→向上或向下突破開始新的趨勢→盤整→向上或向下突破開始新的趨勢」這樣的循環,抓住這樣的節奏就是中期的建議投資法。

接著討論執行中期投資的具體操作面。

基本部位與浮動部位

假設本來處於下跌趨勢,當趨勢看起來有向上逆轉可能時,一般MACD往往比較早反應,但也有進場太早碰到假訊號,或者訊號是真的,但得等上一段時間才會「被證明」趨勢是真的,所以,MACD出現底部交叉時,可以先下少量資金,若方向捉對了,不久之後趨勢線也將發生同方向的價位突破,此時可以再加碼,接著,有可能是日線的黃金交叉先出現,這裡雖然離低點可能有點遠了,不過,仍是加碼的訊號,而行情若再繼續投資人可能會看到K線圖的型態完成(次頁圖範例為打了W底),這裡可以再繼續增加部位。

基本部位賺波段

以上的操作都可以視為是趨勢轉換初期的「基本」的部位,原則上在這裡之前的所有資金投入大約是操作資金的五成。這五成「基本部位」若未來行情順著預期發展,就算都不理

它,基本部位也能為自己賺進未來的價差,相反的,若行情並沒有如預期,比方說,本來以為是向上的走勢,結果W底根本不是W底而是一段箱型整理,或者整理一下行情繼續向下跌也有可能,若遇到這種情況,因為只有投入資金的一半,停損出場也不會有太大的受傷。

浮動部位賺短差

OK,現在談另外的五成做什麼呢?

這五成可視為「浮動部位」,當趨勢如預期持續時,即採取「一時下跌,買進」的方式,如此「一時下跌,買進」可能重覆好幾波,這裡的投入部位屬於「浮動」的部位,當行情隨著趨勢而加溫時,因為價格上揚就會加入許多湊熱鬧的散戶,使得價格漲得「太超過」,這一批浮動的部位也可以分批被賣出,但只要趨勢並沒有逆轉,基本部位則繼續持有,因為不希望當行情突然以很厲害的上漲時,手上的部位是空的,那就失去中期投資「賺大錢」的意義了。只要經驗足夠,耐心等待,這種中期賺大錢的機會並不會少見。

沒有100%把握時忌用攤平交易

投資人喜歡採「攤平」交易的有不少,明明看錯方向,卻在自己已經看錯方向的位置不斷的加碼,企圖攤掉平均成本。這種方式相當危險,因為行情沒有道理「跌深(漲多)一定要漲(跌)」;再者,不管執行怎樣的交易策略,應該都只在對的趨勢進行才合理。

建立基本與浮動部位示意圖

（圖片來源：台灣工銀證券 — e快客）

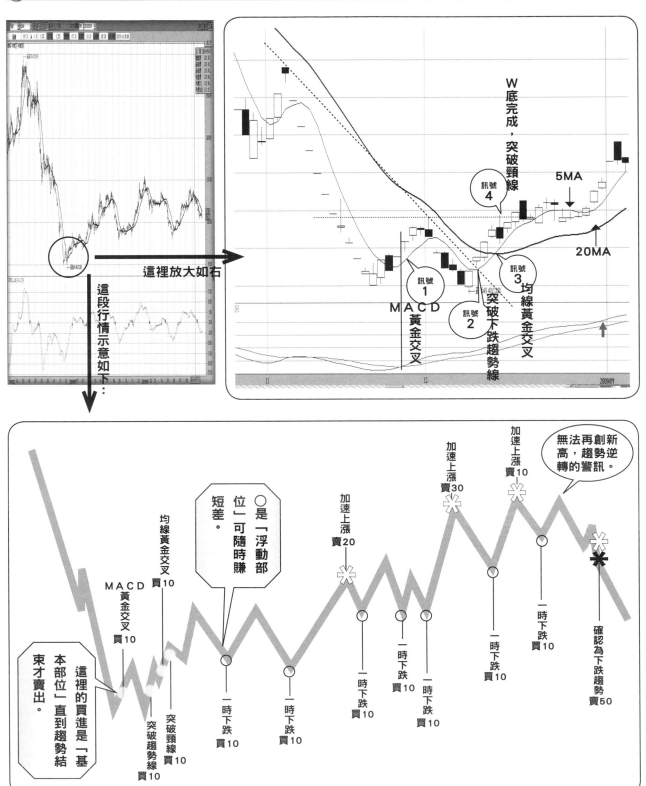

交易好工具①

價格帶

任何時候要準確預測行情是不可能的。因此,中期投資用捉「大概」的判斷方法勝率反而更高。可以持續獲利的交易者一定不是瞄準「端點」的價位,而是使用「價格帶」。

端點v.s價格帶

不管是長、短時間軸的K線圖,都可以從圖表中看到最高值、最低值、山峰和低谷。那裡才是山峰那裡是低谷,從行情走完之後來看很簡單就能分辨,但是當價格正在進行的時候,其實很難預測。

比較合理的價格預測法,是利用過去行情達到的最高價、最低價和價格頻繁重疊區所捉出來的「價格帶」。

次頁是2010年9月底廣達的周線圖,從2009年9月底開始一直處於下跌趨勢,儘管趨勢是下跌,走勢還是呈現齒輪狀。而多次價格重疊的區域也可以算是一個價格帶。

首先,不要只是關注每個行情轉折的最高價與最低價,還要關注過去的最低價和最近的最高值重疊(上漲的情況則反過來,要看之前的最高價與最近的最低重疊)的地方,以及齒輪的山和谷相交兩次以上的價格帶。

以次頁為例,可找出三個價格帶:60.5～64.0;50.0～54.5;42.0～45.5。

畫出價格帶後,可進一步規畫:假設42.0～45.4的最低價被打破,接著就是進入波段的新低價,但若這個低價的價格帶沒有被跌破,行情將再次反彈上漲,此時,就可以採取逆勢交易,趁這裡的相對低點買進。當然,所謂的逆勢,絕不是行情像刀子一樣由上下拋時冒險接手,應該等待下跌速度變慢並出現要轉入上漲時階段性進場。例如,標示A的地方呈現下跌趨勢變緩的局面,此時以48元買進一張,如果之後繼續上漲在49元再增加一張,若上漲繼續,50元加買一張,相當於以49元的均價買進3張股票。如果再次轉入下跌趨勢在45.5元停損的話,3張股票的損失就是10,800元,但如果上漲到54.5元的價格帶遇到壓力賣出,獲利卻有16,500。

以上的規畫,損失和利益的比例是10,800:16,500,大約為1:1.5,因此持有這樣的部位算是賺比賠的機率大的設計。

透過端點「低買高賣」是不可能的,有必要把過去的最高價、最低價以「價格帶」來考慮,在長期投資曾經討論過,基本做法就是在齒輪狀的谷底(低點)買進,在山峰(高點)時候賣出。關於長期投資,透過20年長期圖表就可知道,價格的山和谷是有周期性的,但中期投資上漲以及下跌會持續到哪個位置?什麼

時候能夠形成山和谷？事前是無法得知的。

任何商品的行情都一樣，即使是下跌，也還是有高價行情（山峰）有低價行情（谷底），進行著齒輪狀的變動。為了找到齒輪狀（趨勢轉換點），可以用畫出價格帶的方法，以研判行情最可能的走勢，當行情上漲達到價格帶，向著下跌趨勢轉換的兆頭出現的話，就

慢慢增加賣出；當行情下跌達到價格帶，向著上漲趨勢轉換的兆頭出現的話，就慢慢增加買進。如果能夠順利抓住趨勢的轉換點，配搭前面提過「基本部位」與「浮動部位」，如此，不慌不忙的等待時機，可以說是通向勝利的捷徑。

🌐 價格帶範例

（圖片來源：台灣工銀證券 — e 快客）

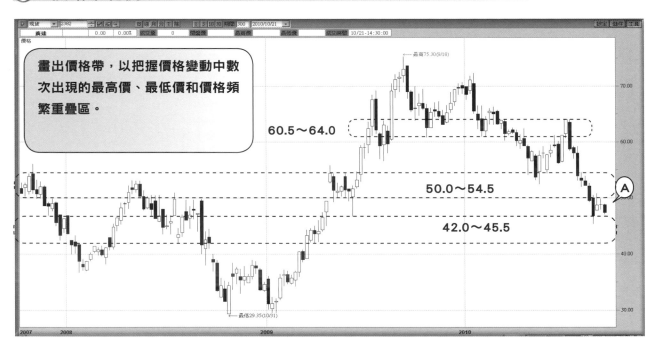

畫出價格帶，以把握價格變動中數次出現的最高價、最低價和價格頻繁重疊區。

60.5～64.0

50.0～54.5

42.0～45.5

🌐 價格帶的應用方法

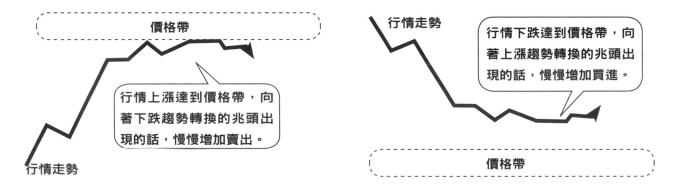

價格帶

行情上漲達到價格帶，向著下跌趨勢轉換的兆頭出現的話，慢慢增加賣出。

行情走勢

行情走勢

行情下跌達到價格帶，向著上漲趨勢轉換的兆頭出現的話，慢慢增加買進。

價格帶

交易好工具②
簡明的看盤環境

看 盤軟體對短線交易無疑是必備工具，而最低要求應是能夠同時分割日線、小時線、分鐘線如此才方便進行比對。事實上，現在的看盤軟體很進步，券商提供的軟體大多具備這種功能，但讀者的問題往往不在於軟體不夠強，而是不知道如何設定功能，只好一直遷就很陽春的畫面。對於習慣操作電腦的族群，這篇完全是廢話，但對於實在不熟電腦軟體的投資人，書上就算捉再多的畫面使用上還是會「卡

關」，所以，建議不熟悉電腦的人直接找營業員幫忙，每一次不貪多，只要學一招就好了，例如，本次只要學會多畫面與其技術線圖的設定。有一點電腦程度的可以利用券商的免費電話請服務人員一步一步的教你，若實在完全陌生，就請營業員現場教你。

記住，一次學一種設定方式就很好了，想一口氣搞懂所有功能，到最後往往把自己氣到冒煙，因為總是記不住。

多時間軸畫面的設定

（圖片來源：台灣工銀證券 — e快客）

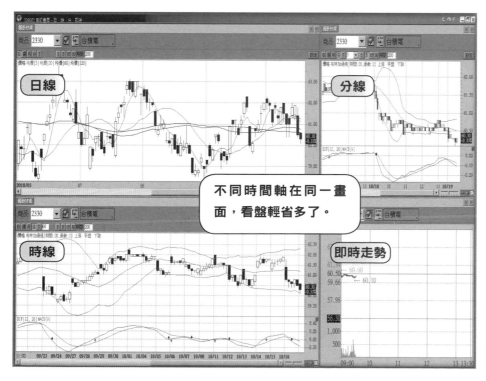

日線

分線

時線

即時走勢

不同時間軸在同一畫面，看盤輕省多了。

選擇自己要的版面配置。

選擇自己要的技術線圖。

PHANTOM'S GIFT
幽靈的禮物

—馳騁金融市場的交易規則—

第 11 回

作者／（美）亞瑟·李·辛普森 （ARTHUR L SIMPSON）

作者從1971年起成為芝加哥期貨交易所和前中美洲商品交易所成員，同時也是全美期貨協會的註冊場內交易員。他的興趣包括交易、飛行、無線電、電腦程式設計、音樂與環球旅行。

譯者／張志浩

曾在北美從事美國證券交易，本身也是美國交易商協會的會員、註冊經紀人、註冊投資顧問。1987年引進美國沃特財務集團（Halter Financial Group）進入中國，至今已成功輔導相當多中國民營企業在美國股市借殼上市，其專業成就在中國投資圈極負盛名。現任美國沃特財務集團上海代表處首席代表。

規則1：只持有正確的倉位。

規則2：正確的倉位加碼才能獲利。

規則3：巨量即是套現良機。

這是「交易圈中的幽靈」給的忠告，接受這份禮物，你的投資交易將重新開始，並走向令你無法想像的坦途。

出手如電：
對抗交易中的情

如果因為手中的倉位而耳熱心跳、
寢食不安，
那麼，
第一時間立即清倉——
職業專家展示對抗自身情緒的策略。

在任何一個市場中，交易者每開始一次新的交易的時候，總是對自己行動的正確性滿懷信心，極度樂觀。但也正是這種期望，使新手們對市場估計不足，容易迷失方向。

令交易員失敗的原因究竟是什麼？是他們容易做出錯誤的判斷？還是因為所有必需的資訊只是在交易員完成交易兩分鐘後才全部顯示出來？

我們在這一章裏討論的話題是：為什麼新倉位建立之後，總是會很快產生變化？為什麼市場好像總是對我們的行動瞭如指掌？我們怎樣才能趕走這種錯誤的想法，對自己新建的倉位做出正確的反應呢？

在交易中是不是很多時候你都會覺得，其他的交易員都正在和你對著幹；剛才還在給你中肯意見的朋友，在你建倉之後就站到了你的對立面去了，變成你的新對頭。

我們按照自己認為正確的想法去操作，但總是被無情的現實擊倒，要不索性我們每次都按照我們認為正確的事情相反那面去做好了，這樣做可行嗎？我們在這裏要談的是情感因素，研究這個問題的人太少了。

一旦倉位建立，情緒就變成了一個我們並不喜歡卻又不得不面對的因素。當倉位按照我們預期的方向進行價格變動時，我們會變得很興奮。但是注意，我們經常會沾沾自喜，而完全忽略了對建倉進行深入研究。

・・・・・

亞瑟：幽靈，我知道你說過你不是萬事通，只是對你自己的交易精通而已。我突然發現，我們一直只是在談你的經驗和智慧，但是，每一個交易員的成長和思考能力，是需要他們自己從觀察和研究中得來的。當然，瞭解其他人的觀點有助於交易員更深刻地理解交易，但每個人對於市場的運作規律都有自己的觀點，你認為參考別人的觀點，然後據此來瞭解我們自己的行為，是一個很重要的途徑嗎？

幽靈：我讀過一些很好的關於成人和兒童對照研究的理論。我們都是從兒童期開始成長的，交易員也是一樣。我們對交易的想法會逐漸成熟起來，而成熟的途徑就是去瞭解正確的東西。

作為孩子，我們不需要知道理由，只需要有規則約束；作為成人，重要的則是不僅知其然，還要知其所以然，這樣才能更加有效率地進行交易。

想讓另外一個人知道建倉後發生了什麼，是比較困難的一件事情，除非你和他在同一環境下同一位置建倉。一個車胎漏了氣，司機需要換輪胎，如果你不是那個換輪胎的司機，受挫折的體會就不同了，因為你沒有當事人的感覺。交易也是一樣，如果你不能切身感受到具體的環境，理解起來會有些困難。

情感不該在交易中有位置

大多數交易在完成前都經過很充分的研究，有很好的理由作為依據。如果交易員覺得交易不會成功，他們就不會去做。但是，如果高估了成功的可能性，就可能會弄巧成拙，因為只是根據自己的感覺行事，會錯過一些重要的市場變化。

我認為對於交易只是一味樂觀，不是一件好事，你必須在建倉之後有所計劃。對於新建倉位的交易員來說，最重要的就是要明白，建倉只是整個交易中很小的一部分。每次當你發現一個信號的時候，你都要把它看成只是一系列交易的前奏曲。

你必須很清楚，如果想達到你的目標，你應該怎麼去做。與你剛剛建立的倉位比起來，你的目標才是最重要的。如果我告訴你，你進入市場的信號的標準，是你必須盡可能在最短時間內敏捷地保護倉位，或者是減少倉位，你能迅速地調整你的倉位嗎？

一定要留心你的新倉位完全與市場方向格格不入的可能性，這樣的提醒你一定會很贊同。這種思維可以使你更容易地對倉位進行調整，這也是你每次建倉時必須做的。你必須記住，最早建立的倉位只是交易的一個小小起點。

你也已經知道，不能讓你的情緒變化來左右你的交易，不要受情緒影響而衝動地清倉。你可以一次又一次地重新建倉，直到你不受自己的感情波動控制為止。

如果你的交易活動夾雜了個人的情緒，通常會使你做出錯誤的判斷。市場一開始一般都不會和你的倉位方向相符，但是，你不能說你沒進行正確的交易。你的建倉位置常常也是別人認為合適的位

> 如果你剛一建倉就馬上發現自己錯了，必須馬上清倉，因為這樣做肯定沒錯。

置，所以不要因此而沮喪，因為有很多人和你的想法是一樣的。你不可能總是在正確的時機做出正確的判斷。

如果你動手操作比眼光移動還快，這就是你比別人多出來的優勢。你能夠迅速清倉，因為你知道自己可以在很短時間裏重新建倉。一個糟糕的或是有問題的倉位，是你做出正確決定的大好時機。要動若脫兔！這樣你才可以停止感情用事的操作方法，否則你很快就會捲入泥潭之中。形成習慣，這樣做會很快地成為你的第二天性。

如果你剛一建倉就馬上發現自己錯了，必須馬上清倉，因為這樣做肯定沒錯。我為什麼知道這麼做是對的呢？因為我所做過的最好的交易，都是從一個錯誤的建倉開始的。已經存在的錯誤倉位，是收獲一個好倉位的最好基礎。所以，即使你一錯再錯，又有什麼大不了的呢？

犯錯的好處就是，你可以清楚那個倉位錯在何處。當情緒佔有一席之地的時候，你要傾聽自己的內心對於錯誤的想法是什麼。這樣很管用，感情在交易中不應該有位置。如果你意氣用事，那個倉位一定是錯誤的。

程式化你的交易方式

亞瑟：說起來好像不太難。但是，當你在交易中情緒波動的時候，怎樣才能排除這種干擾呢？

幽靈：你必須把交易變成一件很程式化的事情，這會有很多種方法。絕大多數的新手沒有足夠的資金，不能做多樣化的投資分散風險，所以他們就同時建幾個倉位，從而可以剔除壞的、保留好的倉位，以此來降低總體的風險。

另一個辦法就是使用規則一，這樣不論倉位被證明是正確的，還是被證明是錯誤的，你都不會讓情緒來主宰你的想法了。

你需要聆聽自己內心的想法和你的沮喪，讓你自己而不是市場告訴你：你的倉位是錯誤的。如果你沮喪的時候恨不得馬上清倉，那就毫不猶豫地辦吧，因為這已經是機械化系統的一部分了。

規則一的目的，是讓你自己而不是市場告訴你是錯的。如果你讓市場告訴了你，你會更加沮喪，從而影響判斷力，使你不能正確地作出清倉的決定。

既然不能讓市場告訴我們倉位是錯誤的，而是要等待市場告訴我們倉位是正確的，那就必須有什麼東西來告訴我們是錯誤的。你認為是什麼呢——沒有什麼比交易裏剛剛出現的亢奮情緒更適合作為清倉的信號了。

我知道這需要不斷進行實踐練習，要進行行為習慣的改變，你必須學會用感情的徵兆為自己服務，來預測到錯誤的倉位。你可以在經過一番練習之後把它作為一種習慣。這和你每天走到一個陌生人面前跟他打個招呼，也沒什麼不一樣。經過一段時間後，你會發現新的習慣已經變成你的第二天性了。

亞瑟：你能不能提供一些建議，告訴我們在清除壞倉位時，我們怎樣改變自己的行為習慣呢？

幽靈：如果你燥熱到不得不解開你襯衫最上面的鈕釦，你最好清倉；如果電話鈴聲讓你心煩意亂，你最好清倉；如果你已經超過了合理的時間，還持有沒被證明正確的倉位，你也最好清倉。

可以用一種假設的方式來操作：當你不知道自己倉位是否正確的時候，你可以把它當做是錯誤的來考慮，儘管你可能還是一時不能清楚，但你很快就會明白倉位的性質。當然這不是一個很好的方式，這是一種危險的建倉方法。不管你信不信，我曾經看到，在市場沒有明顯趨勢時，有的當沖交易員是用這種方法建倉的。

我個人並不是很同意這種做法，但是，如果你可以用這種方法在沒有趨勢的市場裏做一次很好的試探的話，我倒也不反對。有時候，當你剛一開始建了一個壞倉位的時候，你會有一個極好的機會去改變這個倉位的方向，然後從這個修正過來的倉位中獲利。

我能提醒你的就是：在市場裏行動要快。出人意料的事情總是發生在你持有倉位的反方向。當我們的倉位是錯的時候，我們對於價格走勢往好的方向去幻想，並不能阻止出人意料的壞情況。

亞瑟：你是不是覺得，跟建立正確的倉位相比，我們更容易建立錯誤的倉位呢？

幽靈：事實上，沒被證明正確的倉位出現的頻率是比較高的，但是這並不意味著我們更容易建立錯誤的倉位。還有另外一個因素，讓我們覺得在建倉伊始市場好像對我們不利，這就是時間。

時間總是欺騙我們。保持在清倉之後再建倉這種操作持續性的重要性，是一個交易員新手很難體會到的。大家習慣於不去清除一個沒被證明是錯誤的倉位，努著勁減少挫折，在倉位還沒有被證明是正確的時候，希望建一個更好的倉位。

大家想一想，如果倉位沒有按照預期走勢發展的時候就及時清倉，是不是更好？當市場對你有利的時候你要行動迅速些，但是，在市場不利的時候你卻不應該出來搏殺。

我認為，大多數市場上升的時候比下降的時候要多，因此你在牛市時應該比在熊市時活躍狀態要更多一些。當市場搖擺不定的時候，你也應該在中間隨市而動。充分利用市場的波動來為倉位服務，這樣你的成本就會更低。

贏家？輸家？建倉之初見分曉

亞瑟：倉位已經建立的時候，我們聽到的好像都是對我們倉位不利的負面消息，為什麼會這樣呢？

幽靈：建倉之後，我們對待資訊會更加注意，於是我們對倉位的疑心就更加敏感。如果市場沒有確認我們的倉位正確，答案當然就是——清倉。

如果發現消息不利於我們，我們很自然地會對自己的倉位產生懷疑。在建立一個新倉位的時候，規則一比什麼都重要，它可以使我們不會感情用事，這樣就可以客觀地對待資訊，而不是讓它直接對自己的思維產生負面影響。

亞瑟：為什麼好像市場知道我們是什麼時候建倉的？

幽靈：這不難理解。我認為每一個交易員都或多或少地有過這種想法，直到他們走向成熟，更能體會市場是怎樣對大量指令做出反應的，才會改變這種錯覺。

價格的變動會讓其他的交易員決定是否要建倉位。當許多信號出現的時候，我們更容易選擇明顯的信號建倉。正因為這一點，市場看起來好像立即對我們作出了反應。每個交易員都會逐漸地感覺到，如果我們相應作出了正確的反應，則這種情況對我們也是有好處的。

當市場價變得和我們的建倉價位十分接近的時候，這種情況就更容易發生了。無論什麼時候，我們都必須對這種情況十分留意。如果你想在交易圈內長久地生存下去，你就必須在你的計劃中對這種情況有所準備。

為了消除上面講的那種錯覺，你一定要知道，最重要的時候就是剛建倉的時候，這個時候你必須用最快的行動保護你的倉位。同時，最危險的時候同樣是剛建倉的時候，因為這時你還不知道你的倉位正確與否。如果你的倉位被證明是錯誤的話，這將是你減少挫折的唯一機會。

要想控制住你的損失，就要手疾眼快，抓住機會，先下手為強，否則你的損失就要加劇，那就不僅影響你的利潤，還會影響你的思維。這就是我把建倉當作最危險時刻的原因——降低損失的第一個機會，也是最好的一個機會。在建倉時你立即做出的反應，決定了你是否能成為一個有技巧的「輸家」，也就是最好的贏家。

亞瑟：我經常聽交易員說他們實際做的交易和腦中所想的是正好相反的，這樣他們能交易得更好。對此你怎麼看？

幽靈：我也聽說過。在我早期交易中這可以說是一個比較有效的策略。它確實有其優勢，但是不要濫用。既然你所做的很有可能是錯的，一旦你的倉位沒有被證明是正確的，就要馬上改變到相反的方向。這在沒有明顯趨勢的市場裏效果很不錯。

比如說，你知道馬上會有一個重大新聞發佈，

或是你已經得到了一個重要報告的資料。你可能會認為這個因素的影響其實已經在場內被釋放出來了，但是，你又不能確定是不是這樣。一般情況下，大多數的交易員會相應地根據消息進行交易，發現錯誤的時候立即清倉就可以了。

所以你必須承認，從某種程度上說，這種做法是有其道理的。即使一開始你就做錯了，你仍然可以與自己的想法逆向而行，這和你一開始就逆向而行沒有什麼不同。

亞瑟：另一個問題是，常常看到在市場新聞頻道播出對某個專家的採訪，感覺就像是火上澆油一樣熱辣。那些做的交易和專家見解相反的交易員，就會覺得這個專家是他們的敵人。這種說法合適嗎？這種想法是不是對交易有毀滅性的影響呢？

幽靈：這種事情確實經常見到，你會對關於自己倉位的相反評論格外敏感。我的觀點是，只要你不意氣用事，敏感一些也沒什麼不好。但是在市場出現暴跌時，想做到不摻雜任何個人情緒是很困難的，你無法不去注意。

對這種評論一定要進行檢驗，你可以注意一下市場對此做出的反應究竟如何。這麼多年來，我發現市場確實會對類似評論做出反應。但是關鍵在於，你所看到的反應並不只是一瞬而過。如果你行動夠快，你就可以利用這些反應來賺錢，實際上你也必須要迅速地利用這些市場變化來獲取利潤。

> 建倉之後，我們對待資訊會更加注意，於是我們對倉位的疑心就更加敏感。如果市場沒有確認我們的倉位正確，答案當然就是——清倉。

幽靈的一天半理論

為什麼你得到的反應會連續不斷呢？場內交易員可能會首先看到評論，甚至最早得到了報告的資料。這種反應是作為職業操盤手的反應，他們會根據自己的理解來建倉。剛開始時大家的反應可能不很一致，但在這個品種剛啟動的價格上很快就可能會產生一種趨勢，這通常是第一輪的買入或賣出。緊接著進入交易場的單子是那些剛剛得到消息的交易員們下的，這是你會看到的對新聞的第二波反應。

第三輪行情是業餘投資者造成的，他們是從自己的經紀人那裏得到的消息。這一波通常最強勢，因為他們下的單進入到交易場內的時候，利空消息還沒有怎麼現身。這個過程就可以解釋，為什麼有的時候市場死氣沈沈，有時市場又會熱鬧地出現新高或新低。

當這三波行情過去時，還會有些跟在後面的零星下單，這是一些人在收盤後從電視、廣播或是報紙上得到的消息。這個過程大概要持續一天半，所以這是我的一天半理論。

在持續一天半的對重大新聞的反應結束後，市場常常會進入一個平靜期。

你剛才問我，對消息太過情緒化是否會導致災難性的結果？我想，你應該首先認識到消息中蘊含的機會——你可以把別人對消息的情緒化，轉變為自己獲利的資本。當然，這個過程通常要花上幾天的時間。

在進行日間交易或者進行無明確信號的交易時，這種行為可以改變正在繼續的趨勢，可能會逆轉趨勢或是平息趨勢，這一點對於保護倉位是很關

鍵的，你可以運用這個知識來降低你建倉的成本。

你可以通過正確地利用消息來降低你的建倉成本。例如把你的資金分成兩部分，可以跟隨前一單的走勢再度建倉。或者可以明確一個價格區域，使你能夠建立一個更有利的倉位。

換句話說，由於交易的波動範圍更寬，你可以有搶帽子的機會。但是注意，所有這些操作，都要在你的交易計劃中有所體現。你本來應該時時刻刻做好準備，而大多數的交易系統都沒有考慮到這一點。更令人奇怪的是，按剛才你提出問題的說法，經常有人簡單地把行情的這種變化歸因於評論家的「火上澆油」。

其實這其中的道理，就像你在大寒天看到有人在火爐旁堆木頭一樣，根據經驗你很快會做出在火爐裏一定有爐火的判斷。當市場裡出現新消息的時候也是一樣，你對於將要發生的事情會十分肯定。

如果你看到了爐旁有木頭，就知道在溫度下降時可以點火取暖，即使你不喜歡火爐，但仍可以享受舒適的溫度。交易也是一樣的，即使你不喜歡這個和你的倉位方向相牴觸的消息，你一樣可以利用消息帶來的市場熱潮為你服務。當獲得意外資訊的時候，你不要拘泥於自己原先固有的思路。

亞瑟：我們回到了同一個話題上：成功的交易需要搜集資訊，改變行為。這是每個人在交易中的核心主題嗎？

幽靈：你知道我自己也並不能確定。我只知道這是我幾十年交易中得來的經驗。如果現在這不是大多數專家的要點，我想它很快就會是的。讀過我文章的人，會改善交易技巧，從而獲得成功。我相信，因為我們的努力，他們對交易會有更好的理解。我不是通過表達我的觀點來排斥其他的成功交

易方式，我只是想增加大家交易成功的可能性。

亞瑟：我想對你的觀點會有人持反對態度的。

幽靈：你真的這麼認為嗎？我不同意你的看法。儘管我曾經犯過很多錯誤，但我還是覺得你的話是不對的。這就像在兩條路中選擇一條一樣，除非你兩條路都走過，否則你不能認為你做的選擇是錯誤的。

我就是因為兩條路都走過，所以能準確地說出哪一條路是更好的。我給了每一個交易員一個拓展眼界的機會，而不是想限制他們的思想。

要從各個角度來看問題，這樣才能做到辯證。你照鏡子的時候，看不到別人對你的看法。要想成為一個好的批判家，你必須從別人的角度看問題，不能只是把相反的觀點當成正確的。

亞瑟：那麼你對自己的規則怎麼看呢？它是個反鏡像？

幽靈：很有趣的說法。你可以把規則一稱之為反鏡像。因為它和大多數人的理解絕然相反。

我們確實假設我們是錯誤的，在倉位被證明正確之前，我們都處在一個不利的遊戲當中。這也是一個反鏡像。在規則二中，我們使優勢倉位賺取更多利潤，這和常見的想法也是相反的。

是的，我想，在照鏡子的時候，你可以很容易理解為什麼與從不同的角度來看你的感覺會不一樣──你看到的是與現實相反的鏡像。從不同的角度看問題是很重要的，我在交易中懂得了與別人不同的必要性。除了你自己的觀點，你不需要遵循其他任何人的意見。千萬不要忘記這一點！通過你自己的努力來改善你在交易中的行為。

（連載第12回請見「投資達人vol.12」）

・國家圖書館出版品預行編目資料

K線實戰：日線、時線、分線 ／ 恆兆文化編輯
部編著. ——臺北市　恆兆文化, 2010.11
96面；21公分×28公分. ——（投資達人；11）

ISBN 978－986－6489－19－8（平裝）

1.股票投資　2.投資技術　3.投資分析

563.53　　　　　　　　　　　　　　99020278

投資達人VOL.11

K線實戰：日線、時線、分線

出版所 恆兆文化有限公司
　　　 Heng Zhao Culture Co.LTD
　　　 www.book2000.com.tw
發 行 人　張正
作　　者　恆兆文化編輯部
封面設計　尼多王
採訪編輯　文喜 金滿喜 李鳳君 陳美茜
電　　話　＋886－2－27369882
傳　　真　＋886－2－27338407
地　　址　台北市吳興街118巷25弄2號2樓
　　　　　110,2F,NO.2,ALLEY.25,LANE.118,WuXing St.,
　　　　　XinYi District,Taipei,R.O.C
出版日期　2010年11月初版一刷
ＩＳＢＮ　　978－986－6489－19－8（平裝）

劃撥帳號　19329140　戶名 恆兆文化有限公司
定　　價　168元
總 經 銷　聯合發行股份有限公司　電話 02－29178022